CAIWU FENXI XITI YU ANLI

高等学校会计学与财务管理专业系列教材

财务分析
习题与案例

（第二版）

主　编　梁毕明　徐芳奕　王　敏

中国教育出版传媒集团
高等教育出版社·北京

内容提要

本书是《财务分析》(第二版)(梁毕明、徐芳奕、马媛主编)的配套辅导书。本书与主教材同步设章,包括:财务分析概论,财务分析信息,资产负债表分析,利润表分析,现金流量表分析,所有者权益变动表分析,企业盈利能力分析,企业营运能力分析,企业偿债能力分析,企业增长能力分析,企业综合分析,企业战略管理与分析,智能财务分析。

本书设置有重点与难点、关键概念与参考解释、练习题(包括单选题、多选题、计算分析题、案例分析题和思考题),并附有参考答案,适合作为高等学校财务分析课程的配套辅导书,也可作为相关从业人员的自学用书。

图书在版编目(CIP)数据

财务分析习题与案例/徐芳奕,梁毕明,王敏主编.—2版.—北京:高等教育出版社,2022.9

ISBN 978-7-04-059021-0

Ⅰ.①财… Ⅱ.①徐… ②梁… ③王… Ⅲ.①会计分析-高等学校-教学参考资料 Ⅳ.①F231.2

中国版本图书馆CIP数据核字(2022)第131016号

策划编辑 刘自挥 郭昕宇 **责任编辑** 郭昕宇 **封面设计** 张文豪 **责任印制** 高忠富

出版发行	高等教育出版社	**网　　址**	http://www.hep.edu.cn
社　　址	北京市西城区德外大街4号		http://www.hep.com.cn
邮政编码	100120	**网上订购**	http://www.hepmall.com.cn
印　　刷	江苏凤凰数码印务有限公司		http://www.hepmall.com
开　　本	787 mm×1092 mm　1/16		http://www.hepmall.cn
印　　张	10.75	**版　　次**	2016年8月第1版
字　　数	271千字		2022年9月第2版
购书热线	010-58581118	**印　　次**	2022年9月第1次印刷
咨询电话	400-810-0598	**定　　价**	24.00元

本书如有缺页、倒页、脱页等质量问题,请到所购图书销售部门联系调换

物 料 号　59021-00

前　言

为了适应高等学校会计学与财务管理专业教学的需要，帮助学生更好地学习“财务分析”这门课程，掌握课程的知识和理论、学习方法和技巧，从而准确理解课程的全部内容，我们编写了这本与主教材《财务分析》（第二版）配套的辅导书《财务分析习题与案例》（第二版）。

本书与主教材同步设章，包括：财务分析概论，财务分析信息，资产负债表分析，利润表分析，现金流量表分析，所有者权益变动表分析，企业盈利能力分析，企业营运能力分析，企业偿债能力分析，企业增长能力分析，企业综合分析，企业战略管理与分析，智能财务分析。本书每章设有“重点与难点”“关键概念与参考解释”和“练习题”三部分内容。本书练习题紧扣知识点，突出理论联系实际，适合学生课前预习和课后复习。

限于作者水平，书中疏漏之处在所难免，敬请读者批评指正。

编　者

2022 年 8 月

目 录

第一章　财务分析概论 1
一、重点与难点 1
二、关键概念与参考解释 1
三、练习题 2

第二章　财务分析信息 8
一、重点与难点 8
二、关键概念与参考解释 8
三、练习题 9

第三章　资产负债表分析 13
一、重点与难点 13
二、关键概念与参考解释 13
三、练习题 14

第四章　利润表分析 22
一、重点与难点 22
二、关键概念与参考解释 22
三、练习题 24

第五章　现金流量表分析 33
一、重点与难点 33
二、关键概念与参考解释 33
三、练习题 34

第六章　所有者权益变动表分析 44
一、重点与难点 44

二、关键概念与参考解释 44
三、练习题 45

第七章 企业盈利能力分析 50
一、重点与难点 50
二、关键概念与参考解释 50
三、练习题 51

第八章 企业营运能力分析 60
一、重点与难点 60
二、关键概念与参考解释 60
三、练习题 61

第九章 企业偿债能力分析 67
一、重点与难点 67
二、关键概念与参考解释 67
三、练习题 69

第十章 企业增长能力分析 79
一、重点与难点 79
二、关键概念与参考解释 79
三、练习题 80

第十一章 企业综合分析 84
一、重点与难点 84
二、关键概念与参考解释 84
三、练习题 85

第十二章 企业战略管理与分析 91
一、重点与难点 91
二、关键概念与参考解释 91
三、练习题 92

第十三章 智能财务分析 96
一、重点与难点 96
二、关键概念与参考解释 96
三、练习题 96

附录　参考答案 99
第一章　财务分析概论 99
第二章　财务分析信息 106
第三章　资产负债表分析 109
第四章　利润表分析 119
第五章　现金流量表分析 124
第六章　所有者权益变动表分析 128
第七章　企业盈利能力分析 130
第八章　企业营运能力分析 137
第九章　企业偿债能力分析 142
第十章　企业增长能力分析 148
第十一章　企业综合分析 153
第十二章　企业战略管理与分析 157
第十三章　智能财务分析 159

参考文献 162

第一章 财务分析概论

一、重点与难点

1. 财务分析的概念
2. 财务分析的目的
3. 财务分析的程序
4. 财务分析的方法

二、关键概念与参考解释

1. 财务分析

企业财务分析是指分析人员根据信息使用者的需求,以企业财务报告为主要依据,结合企业内部及外部相关信息资料,运用一系列分析技术和方法,对企业财务状况、筹资活动、投资活动、经营活动及其经营结果进行分析、研究和评价,并向信息使用者提供分析报告的一项管理活动。

2. 比较分析法

比较分析法,又称对比分析法,是通过相同项目在不同时期、不同主体之间,以及实际指标之间的相互比较,揭示数量差异,并从数量上说明分析对象规模大小、水平高低、速度快慢,以及各种关系是否协调的一种分析方法。

3. 比率分析法

比率分析法是将某些彼此相关的财务指标相互比较,求出比率,用以分析和评价企业财务状况和经营成果的一种分析方法。

4. 趋势分析法

趋势分析法又称动态比率分析法,是将企业连续几个期间的财务信息进行定基对比和环比对比,得出有关财务指标的增减变动方向、数额和幅度,以揭示企业财务状况、经营成果、变化规律及发展趋势的一种分析方法。

5. 因素分析法

因素分析法是依据分析指标与其影响因素的关系,从数量上确定各因素对分析指标影响方向和影响程度的一种分析方法。

6. 连环替代法

连环替代法是将分析指标分解为各个可以计量的因素，并根据各个因素之间的依存关系，依次测定各个因素变动对分析指标影响方向和影响程度的一种分析方法。

7. 定基分析

定基分析是指以某一时期的数值作为固定的基期指标数值，将其他各期指标数值与其对比计算出一系列动态比率进行的分析。

8. 环比分析

环比分析是指以每一分析期的前期数值为基期指标数值，将各期数值与前期指标数值对比计算出一系列动态比率进行的分析。

9. 构成比率

构成比率又称结构比率，是某项财务指标的各组成部分数值占总体数值的百分率，反映部分与总体的关系。

10. 相关比率

所有相关比率都是由两个相关项目相除得到的相对数，因此从广义上讲，所有财务比率都是相关比率。狭义的相关比率是把某个项目同与其有关，但又不同的项目加以对比所得的比率，反映有关经济活动的相互关系。

11. 效率比率

效率比率是某项经济活动中所费与所得的比率，反映投入与产出的关系。

12. 预期标准

预期标准是指企业预先确定的比较标准，反映企业分析指标的目标水平，主要包括计划指标、预算指标、定额指标、责任指标等。

13. 历史标准

历史标准是一个广义的概念，是指分析标准期间或时点之前已经成为历史数据的比较标准，反映企业分析指标的历史水平，主要包括上期指标、去年同期指标，以及历史上任意时期的指标。

14. 行业标准

行业标准是指以企业所在行业的同类指标为比较标准，反映分析指标的行业水平。行业标准可以是本行业的平均水平、先进水平、历史水平或同期水平，也可以是本行业特定企业的水平。

15. 公认标准

公认标准是指各类企业在不同时期内都普遍适用的比较标准，反映各企业普遍认同的分析指标水平。

三、练习题

（一）单项选择题

1. 企业投资者进行财务分析的根本目的是关心企业的（　　）。

A. 盈利能力　　B. 营运能力　　C. 偿债能力　　D. 增长能力

2. 从企业债权人角度看，财务分析的最直接目的是分析（　　）。

A. 企业的盈利能力　　B. 企业的营运能力
C. 企业的偿债能力　　D. 企业的增长能力

3. 资产负债表的定比分析与环比分析,属于资产负债表的(　　)。

A. 质量分析　　B. 比率分析　　C. 趋势分析　　D. 因素分析

4. 通常与因素分析法密不可分的是(　　)。

A. 指标计算　　B. 指标分析　　C. 指标分解　　D. 指标预测

5. 关注收益稳定性及经营安全性的信息主体是(　　)。

A. 股东及潜在投资者
B. 债权人　　C. 内部管理者　　D. 政府

6. 目标标准一般可用于(　　)。

A. 外部分析　　B. 内部分析　　C. 行业分析　　D. 趋势分析

7. 下列财务信息需求主体中,与其他三类不同的是(　　)。

A. 股东　　B. 债权人　　C. 管理人员　　D. 供应商

8. 应用最广泛的财务分析方法是(　　)。

A. 因素分析法　　B. 比率分析法　　C. 比较分析法　　D. 趋势分析法

9. 不同的财务报表分析主体对财务报表分析的侧重点不同,产生这种差异的原因在于各分析主体的(　　)。

A. 分析对象不同　　B. 分析目的不同
C. 分析方法不同　　D. 分析依据不同

10. 通过计算、分析影响财务指标的各项因素及其影响程度,用以了解财务指标发生变动或差异原因的方法是(　　)。

A. 比较分析法　　B. 比率分析法　　C. 因素分析法　　D. 平衡分析法

(二) 多项选择题

1. 现代财务分析的应用领域包括(　　)。

A. 筹资分析　　B. 投资分析　　C. 经营分析　　D. 资本市场
E. 绩效评价

2. 财务分析与经济活动分析的区别在于(　　)。

A. 分析的对象不同　　B. 分析的内容不同
C. 分析的依据不同　　D. 分析的主体不同
E. 分析的形式不同

3. 企业财务活动包括(　　)。

A. 筹资与投资活动　　B. 销售与生产活动
C. 经营与分配活动　　D. 研究与开发活动
E. 会计管理活动

4. 财务分析的主体包括(　　)。

A. 企业所有者或潜在投资者　　B. 企业债权人
C. 企业经营者　　D. 企业供应商和客户
E. 政府管理部门

5. 财务分析的基本程序包括的步骤有(　　)。

A. 明确分析的目的　　B. 确定分析范围

C. 收集相关信息　　　　　　　　　　　D. 选择分析视角和分析方法

E. 得出分析结论

6. 因素分析法应用中需要注意的事项有(　　)。

A. 因素分解的关联性　　　　　　　　　B. 因果替代的顺序性

C. 替代顺序的连环性　　　　　　　　　D. 计算结果的假定性

E. 替代的无序性

7. 下列各项中,放弃使用比较分析法的场合有(　　)。

A. 基准金额为很大的正数　　　　　　　B. 基准金额为很小的正数

C. 基准金额为零　　　　　　　　　　　D. 基准金额为负数

E. 基准金额为相对数

8. 比率分析的基本形式有(　　)。

A. 百分率　　　　B. 比　　　　C. 周转天数　　　　D. 增长率

E. 分数

9. 财务报表综合分析与专项分析的差异主要体现在(　　)。

A. 比较基准不同　　　　　　　　　　　B. 比较角度不同

C. 分析方法不同　　　　　　　　　　　D. 主辅指标相互关系不同

E. 综合分析更具实务性和实证性

10. 比较分析法按照比较的对象分类,包括(　　)。

A. 历史比较　　　　B. 同业比较　　　　C. 总量指标比较　　　　D. 预算比较

E. 财务比率比较

(三) 计算分析题

1. 某企业生产丙产品,其单位成本表如表 1-1 所示。

表 1-1　某企业丙产品单位成本表

2021 年度　　　　　　　　　　　　金额单位:元

成本项目	上年度实际		本年度实际	
直接材料	86		89	
直接人工	20		27	
制造费用	24		17	
产品单位成本	130		133	
补充明细项目	单位用量	金额	单位用量	金额
直接材料				
A	12	36	11	44
B	10	50	10	45
直接人工工时	20		18	
产品销量	200		250	

要求:(1) 用连环替代法分析单耗和单价变动对单位材料成本的影响;

(2) 用差额计算法分析单位工时和小时工资率变动对单位直接人工成本的影响。

2. ABC 股份公司 2017 年以来的筹资结构如表 1-2 所示。

表 1-2 ABC 股份公司 2017 年以来的筹资结构

项目	2017 年	2018 年	2019 年	2020 年	2021 年
流动负债	71.80%	71.48%	71.22%	65.43%	61.61%
非流动负债	17.41%	12.93%	11.69%	13.78%	15.53%
所有者权益	10.79%	15.59%	17.09%	20.79%	22.86%
合计	100%	100%	100%	100%	100%

要求:对 ABC 股份公司 2017 年以来的筹资结构进行趋势分析。

3. 某企业 2020 年与 2021 年产品销售收入与产品销售量、产品销售单价资料如表 1-3 所示。

表 1-3 某企业销售资料

项目	本年(实际指标)	上年(基准指标)	差异
产品销售量/台	300	240	+60
产品销售单价/万元	0.45	0.50	−0.05
产品销售收入/万元	135	120	+15

要求:采用因素分析法计算并简要评价销售数量变动与销售单价变动对产品销售收入差异的影响。

4. 欣欣企业 2021 年 6 月 30 日资产负债表相关数据如表 1-4 所示。

表 1-4 欣欣企业资产负债表相关数据

2021 年 6 月 30 日　　单位:元

资产		负债和所有者权益	
项目	金额	项目	金额
流动资产	201 970	流动负债	97 925
其中:速动资产	68 700	长期负债	80 000
固定资产净值	237 000	负债合计	177 925
无形资产	138 955	所有者权益	400 000
总计	577 925	总计	577 925

要求:计算资产负债表的构成比率并进行分析与评价。

5. 鸿时公司 2021 年度资产负债表资料如表 1-5 所示。

表 1-5 资产负债表资料

编制单位:鸿时公司　　2021 年 12 月 31 日　　单位:万元

资产	年末数	年初数	负债和所有者权益	年末数	年初数
流动资产	8 684	6 791	流动负债	5 850	4 140
其中:			其中:应付账款	5 277	3 614
应收账款	4 071	3 144	长期负债	10 334	4 545
存货	3 025	2 178	其中:长期借款	7 779	2 382
固定资产原值	15 667	13 789	负债合计	16 184	8 685
固定资产净值	8 013	6 663	所有者权益	6 780	6 013
无形资产和递延资产	6 267	1 244	其中:实收资本	6 000	5 000
资产总计	22 964	14 698	负债和所有者权益	22 964	14 698

要求:(1) 对资产负债表进行比较分析;

(2) 对资产负债表进行构成比率分析;

(3) 评价鸿时公司的财务状况。

6. 某公司 2017—2021 年资产及销售额资料表如表 1-6 所示。

表 1-6 资产及销售额资料表

单位:万元

项　目	2017 年	2018 年	2019 年	2020 年	2021 年
流动资产	15 690	16 400	22 300	25 100	26 750
固定资产	2 696	3 513	3 293	3 464	3 576
总资产	25 775	27 127	31 250	34 600	36 342
销售额	6 577	8 426	9 130	9 818	10 200

要求:根据上述资料,完成表 1-7 并进行简要分析(计算结果保留整数)。

表 1-7 资产及销售指标计算表

项　目	2017 年	2018 年	2019 年	2020 年	2021 年
流动资产比率					
固定资产比率					
销售增长速度(环比分析)					

(四) 案例分析题

不同行业财务比率标准的差异分析

对一个公司进行财务分析时,把公司实际的绝对财务分析数据与一些标准进行比较,然后确定公司是否运行良好是很重要的。但是在现实生活中,流动比率、存货周转率或债权比率等财务比率中没有一项是对所有行业都适用的,并且即使在具体某一行业不同公司之间的比率差异可能也会很大。

表 1-8 是以下五种类型公司的相关财务数据:①公用电气公司;②外资商业企业;③珠宝零售连锁店;④汽车制造商;⑤超市连锁店。

要求:请将它们与 A～E 公司一一配对。

表 1-8 五种类型公司的相关财务数据

项　目	A 公司	B 公司	C 公司	D 公司	E 公司
现金	0.8%	13.5%	7.2%	11.3%	7.3%
应收账款	5.4%	5.8%	60.3%	10.9%	22.5%
存货	2.8%	35.8%	8.7%	61.5%	8.3%
其他流动资产	0.1%	4.1%	7.3%	2.7%	41.6%
房地产、车间和设备净值	83.0%	23.6%	4.3%	8.3%	35.0%
其他资产	7.9%	17.2%	12.2%	5.3%	22.3%
资产合计	100.0%	100.0%	100.0%	100.0%	100.0%
应付银行票据	1.8%	4.5%	50.8%	5.5%	2.4%
应付账款	3.2%	14.6%	15.2%	14.3%	7.9%

续 表

项　　目	A公司	B公司	C公司	D公司	E公司
其他流动负债	2.2%	10.6%	2.5%	10.5%	14.7%
非流动负债	29.6%	15.8%	22.7%	9.2%	19.3%
其他负债	17.8%	8.5%	1.3%	2.5%	17.9%
所有者权益	45.4%	46.0%	4.3%	58.0%	37.8%
负债和所有者权益合计	100.0%	100.0%	100.0%	100.0%	100.0%
选取的比率					
净利润/营业收入净值	0.16	0.014	0.01	0.05	0.04
净利润/总资产	0.06	0.07	0.01	0.06	0.05
净利润/所有者权益	0.13	0.15	0.13	0.12	0.12
营业收入净值/总资产	0.38	5.60	2.10	1.50	1.20
收款期限/天数	52.00	3.00	106.00	23.00	71.00
存货周转率	11.00	12.00	23.00	1.20	12.00
负债总额/资产总额	0.55	0.54	0.96	0.42	0.62
非流动负债/所有者权益	0.65	0.34	5.30	0.16	0.51
流动资产/流动负债	2.00	1.00	2.90	1.70	1.30
速动比率	0.90	0.80	0.90	0.80	1.40

（五）思考题

1. 财务分析经历了怎样的演变过程？
2. 财务分析的概念是什么？广义财务分析与狭义账务分析的差异在哪里？
3. 对于投资者来说,财务分析的目的是什么？
4. 财务分析程序是怎样的？
5. 比较分析法的比较标准有哪些？
6. 比较分析法的概念和缺陷是什么？
7. 比率分析法的概念、一般步骤和局限性是什么？
8. 趋势分析法的概念、一般步骤和分析时应注意的事项是什么？
9. 连环替代法的程序是什么？
10. 运用因素分析法时应注意的事项有哪些？

第二章　财务分析信息

一、重点与难点

1. 财务分析信息的作用
2. 财务分析信息的种类
3. 财务分析评价标准
4. 企业财务报告
5. 主要财务报表
6. 非财务信息

二、关键概念与参考解释

1. 经验标准

经验标准是指这个标准的形成依据大量的实践经验的检验。

2. 历史标准

历史标准是只以企业过去某一时间的实际业绩为标准。

3. 行业标准

行业标准是按行业制定的、反映行业财务状况和经营状况的基本水平。

4. 预算标准

预算标准是指企业根据自身经营条件或经营状况所制定的目标标准。

5. 财务报告

财务报告是指企业对外提供的反映企业某一特定日期的财务状况和某一会计期间的经营成果、现金流量等会计信息的文件。财务报告包括财务报表和其他应当在财务报告中披露的相关信息和资料。

6. 财务信息

财务信息主要指以财务报表(又称会计报表)为主的会计数据。会计数据是对企业活动的价值反映。

7. 非财务信息

非财务信息是指以非财务资料形式出现的与企业的生产经营活动有着直接或间接联系的

各种信息资料,一般而言,不在财务报表上反映的信息内容大都可以认定为非财务信息,它客观存在于经济系统的信息传递过程中。

8. 内部信息

内部信息是指从企业内部可取得的财务信息,包括:会计信息、统计与业务信息、计划及预算信息等。

9. 外部信息

外部信息是指从企业外部取得的信息,包括:国家经济政策与法规信息、综合部门发布的信息、中介机构信息、报纸杂志的信息、企业间交换的信息、国外有关信息等。

10. 定期信息

定期信息是指企业经常需要的、可定期取得的信息,定期信息主要包括:会计信息、统计信息、综合经济部门的信息、中介机构信息等。

11. 不定期信息

不定期信息是根据临时需要搜集的信息,包括:宏观经济政策信息、企业间不定期交换信息、国外经济信息、主要报纸杂志信息等。

12. 实际信息

实际信息是指反映各项经济指标实际完成情况的信息。

13. 标准信息

标准信息是指用于作为评价标准而搜集与整理的信息,如预算信息、行业信息。

三、练习题

(一) 单项选择题

1. 在各项财务分析标准中,可比性较高的是(　　)。

A. 经验标准　　B. 历史标准　　C. 行业标准　　D. 预算标准

2. 为了评价判断企业所处的地位与水平,在分析时通常采用的标准是(　　)。

A. 经验标准　　B. 历史标准　　C. 行业标准　　D. 预算标准

3. 在各项财务分析标准中,考虑因素最全面的标准是(　　)。

A. 经验标准　　B. 历史标准　　C. 行业标准　　D. 预算标准

4. 可提供企业变现能力信息的会计报表是(　　)。

A. 现金流量表　　B. 所有者权益明细表

C. 资产负债表　　D. 利润分配表

5. 在注册会计师可能对所审计的财务报告提出的意见中,属于有利意见的是(　　)。

A. 无保留意见　　B. 保留意见　　C. 否定意见　　D. 拒绝表示意见

6. 财务报表所提供的信息属于(　　)。

A. 自然信息　　B. 政治信息　　C. 科技信息　　D. 经济信息

7. 下列选项中,不属于报表附注应包含的内容是(　　)。

A. 会计政策变更情况　　B. 关联方关系及交易

C. 企业的合并、分立　　D. 财务总监的撤换

8. 关注收益稳定性及经营安全性的信息主体是(　　)。

A. 股东及潜在投资者　　B. 债权人

C. 内部管理者 D. 政府

9. 信息供给差异的主要来源是(　　)。

A. 强制性披露信息 B. 自愿性披露信息

C. 表内披露信息 D. 表外披露信息

10. 审计报告对企业财务报告起到的作用是(　　)。

A. 鉴证与核实 B. 鉴证与证明 C. 核实与证明 D. 核实与修改

(二) 多项选择题

1. 为保证财务分析质量,财务分析信息应满足的要求有(　　)。

A. 财务信息的相关性 B. 财务信息的系统性

C. 财务信息的准确性 D. 财务信息的完整性

E. 财务信息的及时性

2. 企业在投资活动过程中,要考虑的因素有(　　)。

A. 投资风险 B. 投资收益 C. 资本结构 D. 投资结构

E. 资产利用程度

3. 通过财务分析可以揭示财务活动的效率或能力,包括(　　)。

A. 综合能力 B. 营运能力 C. 偿债能力 D. 盈利能力

E. 增长能力

4. 反映企业某一时点财务状况的报表有(　　)。

A. 资产减值准备明细表 B. 应交增值税明细表

C. 分部报表 D. 存货明细表

E. 资产负债表

5. 在财务分析中,所有者权益变动表的主要作用有(　　)。

A. 提供所有者权益变动的原因 B. 解释所有者权益内部结构的变动

C. 提供企业经营业绩结构的信息 D. 提供企业全面收益的信息

E. 为利润表和资产负债表提供辅助信息

6. 经过日常加工形成的财务信息主要有(　　)。

A. 会计凭证 B. 会计报表 C. 会计账簿 D. 财务情况说明书

E. 财务比率

7. 财务分析的主要依据有(　　)。

A. 健全的原始资料 B. 真实、完整的数据资料

C. 客观、可靠的实际情况 D. 完整的账簿记录

E. 法规、制度及政府的方针和政策

8. 下列属于内部非公开信息的有(　　)。

A. 财务报告 B. 财务预算 C. 市场信息 D. 企业成本构成

E. 审计报告

9. 对企业管理者而言,进行资产结构和资产管理效果分析的意义主要体现在(　　)。

A. 优化资本结构 B. 改善财务状况

C. 加速资金周转 D. 减少资产经营风险

E. 以上都不是

（三）案例分析题

财务分析在投资人决策中的应用

假设你是一家公司的财务经理，最近贵公司准备投资于一个旅游区，以下地方都具有吸引力：密苏里、新港、罗德岛、苏格兹德和亚利桑那。每个地方都有优点，但相比之下亚利桑那最好，这主要是因为其价格低廉，1美元可以购买更多的土地。在亚利桑那有两个度假村可供选择，其业主提供了两家公司的有关资料如表2-1所示。

表2-1　两家公司资产、负债和所有者权益资料　　单位：美元

项　　目	吉吉德公司	克雷公司
库存现金	34 100	63 800
应收账款	20 500	18 300
存货	74 200	68 400
土地	270 600	669 200
建筑物	1 800 000	1 960 000
累计折旧——建筑物	−105 000	−822 600
家具和固定设施	750 000	933 000
累计折旧——家具和固定设施	−225 000	−535 300
资产合计	2 619 400	2 354 800
负债合计	1 124 300	1 008 500
所有者权益	1 495 100	1 346 300
负债和所有者权益合计	2 619 400	2 354 800

吉吉德公司在过去的三年中其利润表所列报的净利润之和为531 000美元，克雷公司为283 000美元。另外，你还获知了如下信息：

(1) 固定资产。吉吉德公司采用直线法计提折旧，预计建筑物使用年限为40年，家具和固定设施的使用年限为10年，同时预计建筑物的残值为400 000美元，家具和固定设施的残值为0，吉吉德公司的建筑物已使用3年。

克雷公司采用双倍余额递减法计提折旧，预计建筑物的使用年限为30年，残值为460 000美元。家具和固定设施已使用3年，按10年计提折旧，预计残值为85 000美元。

(2) 应收账款。吉吉德公司对坏账采用直接转销法；克雷公司采用备抵法。吉吉德公司的业主预计公司有2 000美元的可疑账项，在这之前，坏账金额很小。克雷公司的应收项目已按其可实现净值列报。

请回答以下问题：

(1) 表2-1提供了简要的资产负债表信息，作为投资人，你的财务分析中这些数据起到哪些作用？

(2) 用现存的会计信息对这两家公司进行财务分析与比较，你会选择投资于哪家公司？

(3) 请你将吉吉德公司所使用的会计政策和会计估计改成克雷公司所使用的会计政策和会计估计，这时再对两家公司进行财务分析与比较，你会选择投资于哪家公司？

(4) 通过调整两家公司的会计政策和会计估计，使之能在同一个基础上进行比较，由此你认为财务报表信息存在哪些局限性？

（四）思考题

1. 财务分析的信息种类及其作用是什么？

2. 财务分析信息的要求是什么？

3. 财务分析评价标准有哪些？其优缺点是什么？

4. 财务报表与财务效率的关系是什么？

5. 企业财务活动的具体目标是什么？

6. 财务报表具体是由哪些报表组成的？这些报表分别为财务分析提供了哪些有用的信息？

7. 非财务信息的内容及其特点是什么？

第三章　资产负债表分析

一、重点与难点

1. 资产负债表的概念
2. 会计计量属性
3. 资产负债表的作用
4. 资产负债表结构分析
5. 资产负债表项目分析
6. 资产负债表总体评价

二、关键概念与参考解释

1. 计量属性

计量属性是指所计量的某一要素的特性方面，如桌子的长度、铁矿的重量、楼房的高度。从会计角度讲，计量属性反映的是会计要素金额的确定基础，主要包括历史成本、重置成本、可变现净值、现值和公允价值等。

2. 历史成本

历史成本，又称实际成本，就是取得或制造某项财产物资时所实际支付的现金或者其他等价物。在历史成本计量下，资产按照其购置时支付的现金或者现金等价物的金额，或者按照购置资产时所付出的对价的公允价值计量。

3. 重置成本

重置成本，又称现行成本，是指按照当前市场条件，重新取得同样一项资产所需支付的现金或现金等价物金额。

4. 可变现净值

可变现净值是指在正常生产经营过程中，以预计售价减去进一步加工成本和销售所必需的预计税金、费用后的净值。

5. 现值

现值是指对未来现金流量以恰当的折现率进行折现后的价值，是考虑货币时间价值因素等的一种计量属性。

6. 公允价值

公允价值是指市场参与者在计量日发生的有序交易中，出售一项资产所能收到或者转移一项负债所需支付的价格，即脱手价格。

7. 资产结构

资产结构是指各项资产相互之间、资产与其相应的来源之间由规模决定的比例关系。

8. 资本结构

资本结构既包括企业负债总规模与所有者权益规模的对比关系，也包括企业各类债务（如短期、长期）占总负债的构成比例和所有者权益中各类股东的持股构成比例，以及所有者权益中各项目的构成比例。

三、练习题

（一）单项选择题

1. 短期借款的特点是（　　）。

A. 风险较大　　B. 利率较低

C. 弹性较差　　D. 满足长期资金需求

2. 存货发生减值是因为（　　）。

A. 采用先进先出法　　B. 采用加权平均法

C. 可变现净值低于账面成本　　D. 可变现净值高于账面成本

3. 在通货膨胀条件下，存货采用先进先出法对利润表的影响是（　　）。

A. 利润被低估　　B. 利润被高估

C. 基本反映当前利润水平　　D. 利润既可能被低估也可能被高估

4. 在物价上涨的情况下，使存货余额最高的计价方法是（　　）。

A. 加权平均法　　B. 移动加权平均法

C. 先进先出法　　D. 其他方法

5. 企业资本结构发生变动的原因是（　　）。

A. 发行新股　　B. 资本公积转股

C. 盈余公积转股　　D. 以未分配利润送股

6. 对资产负债表的初步分析，不包括以下哪项（　　）。

A. 资产分析　　B. 负债分析

C. 所有者权益分析　　D. 收益分析

7. 如果资产负债表上存货项目反映的是存货实有数量，则说明采用了（　　）。

A. 永续盘存法　　B. 定期盘存法　　C. 加权平均法　　D. 个别计价法

8. 企业对债权投资进行质量分析中不必关注的分析内容是（　　）。

A. 债务人的偿债能力　　B. 持有期内投资收益的确认

C. 债权相关条款的履约行为　　D. 投资的公允价值

9. 按照偿付手段进行分类的流动负债是（　　）。

A. 货币性和非货币性的流动负债

B. 金额确定和金额需要估计的流动负债

C. 融资活动形成和营业活动形成的流动负债

D. 投资活动形成和融资活动形成的流动负债

10. 下列属于会计政策变更的项目是(　　)。

A. 本年度起新租赁设备改为融资租赁

B. 本企业新增的建造合同业务采用完工百分比法

C. 存货发出的计价方法由后进先出法改为加权平均法

D. 固定资产的净残值率由5%提高到10%

11. 资产负债表定比分析与环比分析,属于资产负债表的(　　)。

A. 质量分析　　B. 比率分析　　C. 趋势分析　　D. 因素分析

12. 固定资产的预计使用寿命和净残值发生变更,这一变更属于(　　)。

A. 会计政策变更　　B. 会计估计变更

C. 一般会计差错　　D. 重大会计差错

13. 若企业占用过多的存货和应收账款,一般不会直接影响企业的(　　)。

A. 资金周转　　B. 获利能力　　C. 偿债能力　　D. 长期资本结构

14. 关于货币资金,下列说法错误的是(　　)。

A. 货币资金包括库存现金、银行存款和其他货币资金

B. 信誉好的企业没必要持有大量的货币资金

C. 企业不仅应保持一定量的货币资金,而且越多越好

D. 货币资金本身就是现金,无须变现

15. 资产负债表质量分析是对(　　)。

A. 财务状况质量分析　　B. 财务成果质量分析

C. 现金流量运转质量分析　　D. 产品质量分析

(二) 多项选择题

1. 资产负债表分析的目的有(　　)。

A. 了解企业财务状况的变动情况

B. 评价企业会计对企业经营状况的反映程度

C. 修正资产负债表的数据

D. 评价企业的会计政策

E. 说明资产负债表的编制方法

2. 货币资金存量变动的原因有(　　)。

A. 资金调度　　B. 信用政策变动　　C. 销售规模变动　　D. 会计政策变更

E. 为大笔现金支出做准备

3. 应收账款变动可能的原因有(　　)。

A. 销售规模变动　　B. 信用政策改变

C. 收账政策不当　　D. 收账工作执行不力

E. 应收账款质量不高

4. 在物价上涨的情况下,使存货期末余额从高到低排列的计价方法有(　　)。

A. 加权平均法　　B. 移动加权平均法

C. 先进先出法　　D. 成本与可变现净值孰低法

5. 引起材料存货变动的原因有(　　)。

A. 期初结存量　　B. 本期购入量　　C. 本期耗用量　　D. 生产周期

E. 材料单位价格

6. 产成品存货变动的原因有(　　)。

A. 期初结存量　B. 本期生产量　C. 本期销售量　D. 生产周期

E. 产品单位成本

7. 引起股东权益结构变动的情况有(　　)。

A. 发行新股　B. 配股　C. 资本公积转股　D. 盈余公积转股

E. 以送股进行利润分配

8. 进行负债结构分析时必须考虑的因素有(　　)。

A. 负债规模　B. 负债成本　C. 债务偿还期限　D. 财务风险

E. 经营风险

9. 股东权益结构分析应考虑的因素有(　　)。

A. 企业控制权　B. 企业利润分配政策

C. 财务风险　D. 权益资金成本

E. 经济环境

10. 决定企业货币资金持有量的因素有(　　)。

A. 企业规模　B. 所在行业特性

C. 企业负债结构　D. 企业资产结构

E. 企业融资能力

11. 通过资产负债表分析可以达到的目的有(　　)。

A. 评价企业利润的质量　B. 分析债务的期限结构和数量

C. 预测企业未来的现金流量　D. 分析资产的结构

E. 判断所有者的资本保值增值情况

12. 资产负债表解读中,对应收账款质量的判断包括(　　)。

A. 应收账款的账龄　B. 应收账款的数额

C. 应收账款的债务人分布　D. 应收账款的债权人分布

E. 坏账准备的计提

13. 对企业管理者而言,进行资产结构和资产管理效果分析的意义主要体现在(　　)。

A. 优化资本结构　B. 改善财务状况

C. 加速资金周转　D. 减少资产经营风险

E. 以上都不是

14. 由于资产都是以历史价值入账的,所以资产的账面价值与实际价值往往有一定差距,表现在(　　)。

A. 账面价值被高估　B. 某些入账的资产毫无变现价值

C. 资产尚未全部入账　D. 账面价值被低估

E. 以上都不是

15. 下列各项中,属于资产负债表调整事项的有(　　)。

A. 资产负债表日后发生诉讼案件

B. 资产负债表日后发现财务报表舞弊或差错

C. 资产负债表日后发生巨额亏损

D. 资产负债表日后资产价格或税收政策发生重大变化

E. 资产负债表日后诉讼案件结案

（三）计算分析题

1. 某公司2020年年末和2021年年末的资产负债表比较分析表有关数据如表3-1所示。

表3-1　某公司资产负债表比较分析表有关数据　　金额单位：元

项　　目	2020年	2021年	差额	百分率
资产：				
速动资产	30 000	28 000	−2 000	−6.67%
存货	50 000	62 000	12 000	24.00%
流动资产合计	80 000	90 000	10 000	12.50%
固定资产净额	140 000	160 000	20 000	14.29%
资产总计	220 000	250 000	30 000	13.64%
负债：				
流动负债	40 000	46 000	6 000	15.00%
长期负债	20 000	25 000	5 000	25.00%
所有者权益：				
实收资本	130 000	130 000	0	0
盈余公积	18 000	27 000	9 000	50.00%
未分配利润	12 000	22 000	10 000	83.33%
所有者权益合计	160 000	179 000	19 000	11.88%
负债和所有者权益合计	220 000	250 000	30 000	13.64%

要求:分析该公司的总资产项目变动情况及变动的原因,并提出改进建议。

2. ABC股份公司2019—2021年的应收账款概况,如表3-2所示。

表3-2　ABC股份公司2019—2021年的应收账款概况　　单位:%

项　　目	2019年	2020年	2021年
应收账款增长率	1.55	9.63	8.24
营业收入增长率	64.67	45.61	35.55
应收账款占总资产的比重	31.54	27.29	24.07
应收账款占营业收入的比重	47.91	36.07	28.80

要求:对ABC股份公司2019—2021年的应收账款进行趋势分析。

3. 某企业存货分析表如表3-3所示。

表3-3　某企业存货分析表　　金额单位:万元

项　　目	期　　初	期　　末
材料	1 880 000	2 366 450
在产品	658 000	517 000
自制半成品	1 325 400	1 379 450
产成品	1 015 200	775 500
合计	4 878 600	5 038 400

要求:(1) 对存货变动情况进行分析评价;

(2) 对存货结构进行分析评价。

4. A公司、B公司、C公司和D公司是计算机行业中著名的公司,其中A公司和D公司采用先进的存货管理模式,存货水平较低。表3-4为四家公司某年的构成比资产负债表的部分数据。

表3-4 构成资产负债表的部分数据

单位:%

项目	A公司	B公司	C公司	D公司
货币资金	30.47	17.99	21.99	30.22
应收账款	17.69	16.11	17.79	7.75
存货	2.49	8.89	11.42	1.43
总资产	100.00	100.00	100.00	100.00
应付账款	42.58	13.22	39.66	15.40
长期负债	2.18	4.39	15.62	0

要求:(1) 分析该行业中四家公司的货币资金占总资产比重;

(2) 比较四家公司应收账款占总资产比重并分析可能的原因;

(3) 分析存货水平过低导致的问题;

(4) 比较分析应付账款项目;

(5) 比较分析长期负债项目。

5. A公司资产负债表有关数据如表3-5所示。

表3-5 A公司资产负债表有关数据

金额单位:万元

项目	2020年	2021年	2021年比2020年增减	
			差额	百分率
流动资产:				
速动资产	500	620		
存货	800	900		
固定资产净额	1 400	1 600		
资产总计	2 700	3 120		
负债:				
流动负债	300	400		
长期负债	100	120		
所有者权益:				
股本	1 800	1 800		
资本公积	100	200		
盈余公积	200	300		
未分配利润	200	300		
负债和所有者权益合计	2 700	3 120		

要求:编制A公司的比较资产负债表,并根据计算结果对资产和权益的变动情况进行分析。

（四）案例分析题

案例一：资产质量的相对性

外国投资者A在B市找到了C企业。双方商定，由A和C共同出资500万美元，引进全套生产线，兴办一个合资企业(中方出资150万美元，外方出资350万美元)，产品将以某外国品牌全部用于出口。同时，中方投资者为了表示对此项合作的诚意，决定将自己现有的已经拥有十余年历史的生产类似产品(全部用于国内销售)的D企业，无偿赠送给未来的合资企业。

A方的财务顾问在得知有关情况后认为，必须对D企业的财务状况进行审查。D企业的财务报表显示：资产总额为1亿元，其中，应收账款4 000万元，估计回收率为50%；负债为1.3亿元，所有者权益为－0.3亿元。

对此，A方的财务顾问认为，D企业已经处于资不抵债状态，如果再考虑到应收账款50%的回收所带来的坏账损失2 000万元，D企业的净资产实际只有－5 000万元。这就是说，如果接受D企业，即使C企业对合资企业再入资5 000万元，其对合资企业的贡献也只是零。因此，A方不应接受这种“赠送”。

在得知A方财务顾问的意见后，C企业的负责人认为，D企业有多种增值因素：①企业的品牌在当地有一定声望，具有无形资产性质；②企业有自己的销售网络；③企业有自己的管理模式；④企业有与现有生产线相关的技术；⑤企业有房屋、建筑物和土地等资产，其价值将高于现有账面价值。

A方财务顾问认为，在上述所谓因素中，只有房屋、建筑物和土地等资产可以为未来的合资企业做出贡献，其他因素不可能为未来的合资企业做出贡献，因而不可能在未来的合资企业中“享受资产的待遇”。

请回答以下问题：

1. 如何对资产质量进行分析？

2. A方和C方观点，你同意哪个？为什么？

案例二:全聚德的资产结构和资本结构分析

中国全聚德(集团)股份有限公司(以下简称全聚德)，主营业务为中式餐饮服务和食品工业，中式餐饮服务主要涵盖四个品牌，包括全聚德、仿膳饭庄、丰泽园饭店和四川饭店。在食品工业领域，目前已形成三大产品系列，一是以原味烤鸭、入味烤鸭等真空包装烤鸭为代表的烤鸭类产品，鸭掌、鸭肫、鸭脖等即食休闲类产品和丰泽园餐桌系列肉食品。二是全聚德饼类、中秋月饼、仿膳糕点、仿膳汤圆、丰泽园“八大件”、日常主食等面食产品；三是全聚德酱类等调味品。

一般而言，企业的资产结构取决于行业，受行业经营特点的限制，因行业生产经营特点而呈现出特定的行业资产结构特征，并制约企业的资本结构的形成，资本结构一般应适应资产结构需要，对企业的经营可能更为有利。比如生产制造企业，固定资产占资产的比重相对高些，非流动资产结构比例就呈现出偏高的特征，而诸如商品流通行业、餐饮行业、非学历教育行业等企业，则流动资产占资产的比重一般相对偏高，因为这类企业经营用房屋建筑物多采用租赁方式，故非流动资产比重偏低，流动资产比重偏高。

判断一个公司资产结构是否合理，一方面要从行业平均标准来判断，判断其自身结构是否大致合理，另一方面，特定企业又具有特殊性，在长期的生产经营过程中，会形成一个比较适合的、自身能够较好把控的资产结构，所以我们要看长期稳定性。其资本结构的判断也是如此，既要看行业的结构数据,又要看长期的稳定性。同时,又要对资产结构与资本结构的适应性进行考察,看是属于稳健型结构还是风险型结构,根据上市公司公布的财务数据看,大部分上市公司属于稳健型的资产与资本适应性结构。全聚德2009—2018年资产负债表相关数据,如表3-6所示。

表3-6 全聚德2009—2018年资产负债表相关数据 金额单位:百万元

项目	2009年	2010年	2011年	2012年	2013年	2014年	2015年	2016年	2017年	2018年
货币资金	266	195	210	248	268	649	780	894	1 029	992
流动资产	352	318	347	460	423	799	940	1 075	1 214	1 197
非流动资产	722	943	926	903	981	926	920	905	855	823
资产合计	1 074	1 261	1 273	1 364	1 404	1 724	1 860	1 980	2 070	2 020
流动负债	280	421	301	345	368	323	375	425	454	409
长期借款			68	37	15					
非流动负债	16	15	80	51	27	13	18	16	12	11
负债合计	296	435	381	396	395	336	393	441	466	420
股本	142	142	142	142	283	308	308	308	308	308
未分配利润	140	160	217	284	310	361	415	472	518	499
所有者权益合计	778	826	891	968	1 008	1 388	1 468	1 540	1 603	1 601
流动比率	1.26	0.76	1.15	1.33	1.15	2.47	2.51	2.53	2.67	2.93
货币资金/流动资产	0.76	0.61	0.61	0.54	0.63	0.81	0.83	0.83	0.85	0.83
流动资产/非流动资产	0.49	0.34	0.37	0.51	0.43	0.86	1.02	1.19	1.42	1.45
资产负债率	0.28	0.34	0.30	0.29	0.28	0.19	0.21	0.22	0.23	0.21
流动负债/非流动负债	17.50	28.07	3.76	6.76	13.63	24.85	20.83	26.56	37.83	37.18

要求:结合资料,对全聚德的资产结构和资本结构进行分析。

案例三:存货那些事

一、“人参会跑”

2021年1月29日晚,康美药业发布预亏公告,2020年预亏148亿元以上,其中存货减值就达100亿。虽然康美药业一直声称有这批货,而且还是中药材存货的。无论企业怎么解释、中介机构怎么背书,都很难让人相信康美药业三百多亿的存货是真的!康美药业计提巨额存货减值是迟早的事情!起因为2019年康美药业曾公告称:由于采购付款等会计处理存在错误,造成存货少计195.46亿元。截至2017年12月31日:公司实际已支付但未入账中药材金额1 834 307.70万元。其中:根茎类药材1 235 422.53万元、滋补类药材598 885.17万元。问题是,公司中药材贸易,一年也就5个多亿,加上中药饮片,一年也就30多亿的销售成本,搞这么多中药材做什么用。而且,还付款200多亿,居然都能一直没入存货账。那存货是真减值,还是子虚乌有?

二、“扇贝会游泳”

2014年10月,獐子岛集团宣布他们养的价值10亿元人民币的扇贝,全都跑了,因为扇贝的生长水域北黄海的水温异常冰凉。

时隔半年后,“冷水团”事件再次被提及。2015年的6月1日晚,獐子岛集团发布公告称,于 2015 年 5 月 15 日启动春季底播虾夷扇贝抽测活动，抽测涉及 2012 年、2013 年、2014 年底播未收获的海域 10 余万公顷，抽测调查结果显示，公司底播虾夷扇贝“尚不存在减值的风险”。

这引起大量投资者质疑，“难道因冷水团失踪的扇贝又游回来了”？

好戏没持续太久，2018 年 1 月，獐子岛集团又公告说，因为海洋灾害导致扇贝“饿死”，公司在年报中披露亏损 7.23 亿元。2019 年一季度，獐子岛集团又说“扇贝跑了”，公司亏了 4 514 万元。

公司自 2014 年出现“扇贝跑路”事件之后的业绩，呈现出一年亏损一年盈利的特点，2015—2018 年的归母净利润分别为－2.43 亿元、7 959 万元、－7.23 亿元、3 211 万元。

根据深交所规定，中小板企业连续两年亏损被 ST，连续 3 年亏损被暂上市，连续亏损四年将被终止上市，而獐子岛集团却完美避开了这一点。

三、“洗衣粉也长脚了”

广州浪奇 2020 年 9 月 27 日晚间公告，公司及子公司在瑞丽仓、辉丰仓库存货物(账面价值合计为 5.72 亿元)不见了，有人表示：“比扇贝还神奇”“洗衣粉也有脚?”(注：广州浪奇的知名产品是洗衣粉)

要求：结合康美药业、獐子岛集团和广州浪奇的案例，简述如何对存货进行分析。

（五）思考题

1. 计量属性有哪些?
2. 资产负债表是什么类型的财务报表，其作用是什么?
3. 如何对企业货币资金进行财务分析?
4. 对交易性金融资产的分析，应注意哪些方面?
5. 对应收账款(应收票据)的分析，应从哪方面进行?
6. 如何对存货进行分析?
7. 如何对长期股权投资进行分析?
8. 如何对固定资产进行分析?
9. 短期借款变动的原因主要有哪些?
10. 如何对总资产、总权益规模变动及变动的原因进行分析?
11. 资产结构与资本结构的适应性体现在哪些方面?
12. 从资产负债表所提供的信息的哪些方面能体现出企业战略?

第四章　利润表分析

一、重点与难点

1. 利润表的概念
2. 利润表分析的作用
3. 利润表结构分析
4. 利润表项目分析
5. 利润表总体评价

二、关键概念与参考解释

1. 利润

利润是指企业在一定会计期间的经营成果，包括收入减去费用后的净额、直接计入当期利润的利得和损失等。从狭义的收入、费用来讲，利润包括收入和费用的差额，以及其他直接计入损益的利得、损失。从广义的收入、费用来讲，利润是收入和费用的差额。利润按其形成过程，分为税前利润和税后利润。税前利润也称利润总额；税前利润减去所得税费用，即为税后利润，也称净利润。

2. 净利润

净利润(收益)是指在利润总额中按规定交纳了所得税后公司的利润留成，一般也称为税后利润。净利润是企业最终的财务成果，是企业利润总额减去所得税费用的结果。净利润属于所有者权益，构成利润分配的对象。

3. 营业收入

营业收入是指企业在日常活动中形成的、会导致所有者权益增加的、与所有者投入资本无关的经济利益的总流入。其中，日常活动是指企业为完成其经营目标所从事的经常性活动以及与之相关的其他活动。

4. 主营业务收入

主营业务收入是指企业为完成其经营目标从事的经常性活动实现的收入，通常包括销售商品收入、提供劳务收入、让渡资产使用权收入、建造合同收入等。

5. 其他业务收入

其他业务收入是指企业主营业务收入以外的其他销售或其他业务的收入，也是与企业为完成其经营目标所从事的经常性活动相关的活动实现的收入。

6. 营业成本

营业成本是指与营业收入相关的，已经确定了归属期和归属对象的成本，反映企业经营主要业务和其他业务所发生的成本总额。

7. 其他业务成本

其他业务成本是指企业确认的主营业务活动以外的其他经营活动所发生的支出，包括销售材料的成本、出租固定资产的折旧额、出租无形资产的摊销额、出租包装物的成本或摊销额等。

8. 税金及附加

税金及附加是企业进行日常经营活动应负担的各种税金及附加，包括增值税、消费税、城市维护建设税、资源税和教育费附加等相关税费。

9. 期间费用

期间费用是指企业发生的直接计入当期损益的费用，是企业主要经营活动中必定要发生的费用，但与营业收入的取得并不存在明显的直接因果关系。

10. 销售费用

销售费用是企业销售商品或提供劳务过程中发生的费用，包括运输费、装卸费、包装费、保险费、展览费和广告费、商品维修费、预计产品质量保证损失以及由销售本企业商品而专设的销售机构(含销售网点、售后服务网点等)的职工薪酬、业务费、折旧费等经营费用。

11. 管理费用

管理费用是企业为组织和管理生产经营所发生的费用，包括企业在筹建期间内发生的开办费、企业的董事会和行政管理部门在经营管理中发生的或者应由企业统一负担的公司经费(包括行政管理部门职工薪酬、修理费、物料消耗、低值易耗品摊销、办公费和差旅费等)、工会经费、待业保险费、劳动保险费、董事会费(包括董事会成员津贴、会议费和差旅费等)、聘请中介机构费、咨询费(含顾问费)、诉讼费、业务招待费、车船税、土地使用税、印花税、技术转让费、矿产资源补偿费、研究费用、排污费。

12. 财务费用

财务费用是企业为筹集生产经营所需资金而发生的费用，包括利息支出(减利息收入)、汇兑损失(减汇兑收益)及相关的手续费等。

13. 营业利润

营业利润是企业的营业收入与营业成本、税金及附加、期间费用、资产减值损失、公允价值变动损益及投资收益配比的结果。营业利润是企业最基本经营活动的成果，也是企业一定时期获得利润中最主要、最稳定的来源。

14. 信用减值损失

信用减值损失反映企业计提的各项金融工具减值准备所形成的预期信用损失，包括贷款损失准备、债权投资减值准备、坏账准备、合同资产减值准备、租赁应收款减值准备等。预期信用损失，是指以发生违约的风险为权重的金融工具信用损失的加权平均值。发生违约的风险是指发生违约的概率；信用损失是指企业根据合同应收的现金流量与预期能收到的现金流量之间的差额的现值。企业应当在资产负债表日计算金融工具(或金融工具组合)预期信用损失。

15. 资产减值损失

资产减值损失反映企业根据相关会计准则计提各项资产减值准备所形成的损失，包括坏账准备、存货跌价准备、长期股权投资减值准备、债权投资减值准备、固定资产减值准备、在建工程减值准备、工程物资减值准备、生产性生物资产减值准备、无形资产减值准备、商誉减值准备、贷款损失准备、抵债资产跌价准备、损余物资跌价准备等。

16. 公允价值变动损益

公允价值变动损益是指企业在初始确认时划分为以公允价值计量且其变动计入当期损益的金融资产或金融负债(包括交易性金融资产或金融负债和直接指定为以公允价值计量且其变动计入当期损益的金融资产或金融负债),以及采用公允价值模式计量的投资性房地产、衍生工具、套期业务中公允价值变动形成的应计入当期损益的利得或损失。

17. 投资收益

投资收益是指企业对外投资确认的投资收益或投资损失。

18. 营业外收入

营业外收入是指企业发生的与其经营活动无直接关系的各项净收入,主要包括罚没利得、与企业日常活动无关的政府补助利得、盘盈利得、捐赠利得(企业接受股东的子公司直接或间接的捐赠,经济实质属于股东对企业的资本性投入的除外)、确实无法支付而按规定程序经批准后转作营业外收入的应付款项等。营业外收入相当于意外的利得或非常收益。

19. 营业外支出

营业外支出是企业发生的与其经营活动无直接关系的各项净支出,包括罚款支出、公益性捐赠支出、非常损失、盘亏损失、非流动资产损毁报废损失等。营业外支出相当于意外的损失或非常损失。

三、练习题

(一) 单项选择题

1. 下列各项属于企业收入的是(　　)。

A. 公允价值变动净收益　　B. 营业收入

C. 投资收入　　D. 营业外收入

2. 企业提取法定盈余公积金是在(　　)。

A. 弥补企业以前年度亏损之前　　B. 弥补企业以前年度亏损之后

C. 支付各项税收的滞纳金和罚款之后　　D. 支付普通股股利之前

3. 产生销售折让的原因是(　　)。

A. 激励购买方多购商品　　B. 促使购买方及时付款

C. 进行产品宣传　　D. 产品质量有问题

4. 分析企业营业收入的质量时通常不需要关注的问题是(　　)。

A. 营业收入的品种构成　　B. 营业收入的地区构成

C. 营业收入的客户构成　　D. 关联方交易对营业收入的贡献程度

5. 企业利润的来源中,未来可持续性最强的是(　　)。

A. 主营业务利润　　B. 投资收益

C. 营业外收支　　D. 资产价值变动损益

6. 对企业今后的生存发展至关重要的是(　　)。

A. 营业收入的区域构成　　B. 营业收入的品种构成

C. 关联方收入的比重　　D. 行政手段增加的营业收入

7. 提高企业营业利润的方式可以通过：(　　)。

A. 增加营业外收入　　B. 降低营业外支出

C. 降低所得税　　D. 增加销售收入

8. 反映利润质量较高的事项是(　　)。

A. 利润的含金量较低　　B. 利润没有较多的现金支撑

C. 利润来源于未来持续性较强的业务　　D. 利润来源于未来具有可预测性的业务

9. 企业为粉饰财务报表而在会计期末采取突击进货方式,其结果是(　　)。

A. 存货周转率下降,会计利润虚增　　B. 存货周转率下降,会计利润虚减

C. 销售利润率上升,会计利润虚增　　D. 销售利润率下降,会计利润虚减

10. 采用完工百分率法确认收入时,并不需要考虑(　　)。

A. 完工百分率的估计是否合理

B. 确认收入时是否遵循了谨慎性原则

C. 确认收入时是否遵循了重要性原则

D. 已经确认的收入在未来是否具有较为稳定的可回收性

11. 在各种产品利润率不变的情况下,提高利润率低的产品在全部产品中所占的比重,则对全部产品平均利润率的影响是(　　)。

A. 提高　　B. 降低　　C. 不变　　D. 无法确定

12. 下列选项中,应计入营业外支出的是(　　)。

A. 赔偿金　　B. 诉讼费　　C. 排污费　　D. 广告费

13. 以公允价值计量的交易性金融资产,在日后出售时,应当将其前期出现的公允价值变动损益转入(　　)。

A. 资本公积　　B. 投资收益

C. 营业外收入　　D. 资产减值准备

14. 在对利润表相关项目进行质量分析时,不需要与营业收入相匹配的项目是(　　)。

A. 营业成本　　B. 营业税费　　C. 销售费用　　D. 管理费用

15. 在进行财务分析时,应当删除的是(　　)。

A. 企业销售商品给企业利润带来的影响

B. 企业让渡资产使用权给企业利润带来的影响

C. 企业提供劳务给企业利润带来的影响

D. 关联方活动给企业利润带来的影响

(二) 多项选择题

1. 销售净收入是指从销售收入中扣除(　　)。

A. 销售退回　　B. 现金折扣　　C. 数量折扣　　D. 商业折扣

E. 销售折让

2. 下列项目属于期间费用的有(　　)。

A. 营业税费　　B. 制造费用　　C. 财务费用　　D. 销售费用

E. 管理费用

3. 财务费用项目分析的内容包括(　　)。

A. 借款总额　　B. 利息支出　　C. 利息收入　　D. 汇兑收益

E. 汇兑损失

4. 收入确认条件有(　　)。
A. 客户能够主导该商品的使用并从中获得几乎全部经济利益时
B. 客户有能力主导该商品的使用
C. 客户获得了对该商品的控制权
D. 相关的已发生或将发生的成本能够可靠地计量
E. 商品已经发货
5. 下列利润来源中,数额比例大,则可以说明企业利润质量较低的科目有(　　)。
A. 营业利润　B. 投资收益　C. 营业外收入　D. 补贴收入
E. 以前年度利润调整
6. 可以提高产品销售收入的途径有(　　)。
A. 扩大销售数量　B. 改善品种结构
C. 适当提高单位售价　D. 降低单位生产成本
E. 改善等级构成
7. 下列关于利润表分析的说法,正确的有(　　)。
A. 利润表的趋势分析可以分析单一项目在连续期间的变化
B. 利润表的趋势分析可以从整体角度把握各项目之间的关系
C. 利润表的结构分析可以分析利润产生的过程和结构
D. 利润表的结构分析可以分析利润的来源及构成
E. 共同比报表可以分析利润表结构随时间的变化情况
8. 甲公司应收乙公司货款 800 万元。经磋商,双方同意按 600 万元结清该笔货款。甲公司已经为该笔应收账款计提了 100 万元坏账准备。假设甲、乙公司重组前利润总额与股份总数相等,则债务重组日,该事项对甲、乙公司的影响分别为(　　)。
A. 甲公司营业外支出增加 100 万元,乙公司营业外收入增加 200 万元
B. 甲公司营业外支出增加 200 万元,乙公司营业外收入增加 200 万元
C. 甲公司利润总额减少 100 万元,乙公司利润总额增加 200 万元
D. 甲公司资本公积减少 100 万元,乙公司资本公积增加 200 万元
E. 甲公司每股收益小于乙公司的每股收益
9. 与财务费用的发生直接相关的业务有(　　)。
A. 企业借款融资　B. 企业购销业务中的现金折扣
C. 企业外币业务汇兑损益　D. 企业股权融资
E. 应收账款收账政策
10. 下列选项中,应计入管理费用的有(　　)。
A. 职工教育经费　B. 违约金支出　C. 印花税　D. 无形资产摊销
E. 捐赠支出
11. 在进行营业收入分析时,应注意的情况有(　　)。
A. 企业营业收入确认的具体标准　B. 企业营业收入的品种构成
C. 企业营业收入的区域构成　D. 企业营业收入中来自关联方的比重
E. 行政手段造成的收入占企业收入的比重
12. 下列各项中,决定息税前经营利润的因素包括(　　)。
A. 主营业务利润　B. 其他业务利润　C. 销售费用　D. 管理费用

E. 财务费用

13. 下列各项中,属于非经营活动损益的项目有(　　)。

A. 财务费用　　B. 营业外收支　　C. 投资收益　　D. 所得税

E. 管理费用

14. 企业的收入从广义上讲应包括(　　)。

A. 主营业务收入　　B. 其他业务收入　　C. 股利收入　　D. 利息收入

E. 营业外收入

15. 下列各项中,影响毛利率变动的内部因素有(　　)。

A. 市场开拓能力　　B. 成本管理水平　　C. 产品构成决策　　D. 企业战略要求

E. 售价

(三) 计算分析题

1. 吉粱公司利润表相关资料如表 4-1 所示。

表 4-1　吉粱公司利润表相关资料　　单位: 万元

项　目	2017 年	2018 年	2019 年	2020 年	2021 年
主营业务收入	1 000.80	1 200.43	1 300.21	1 400.02	1 277.34
主营业务成本	680.03	703.97	720.03	930.01	900.01
营业外收入	32.77	36.54	20.06	12.07	320.02
营业外支出	21.11	43.33	23.33	33.02	34.77
其他收益合计	20.03	30.37	9.11	34.11	50.07
利润总额	352.46	520.04	586.02	483.17	712.65

要求: (1) 对吉粱公司"利润总额"项目进行定比趋势分析;

(2) 对各年的"利润总额"的构成成分按"主营业务利润""营业外收支净额"和"其他收益合计"进行结构分析;

(3) 利用上述分析结果说明利润的变动趋势及原因。

2. 甲公司是一家经营玩具产品零售与批发的企业,其中 25%对外出口。尽管公司总裁试图提高经营业绩,但在近期遇到了财务危机。2021 年 11 月,公司逾期未付银行借款达 3 900 万元。2021 年财务报告披露公司已经无力偿还该年度到期的 1 300 万元的抵押贷款。2022 年 3 月初,公司现金余额为零,在无法从主要供货商获得进货信用后,向法院申请破产保护。根据破产法,甲公司在法庭监护下经营,制订还款计划。甲公司破产申请书披露: 截至 2022 年年末资产总额 2.78 亿元(其中应收账款与存货分别占总资产的 30%和 40%),负债 1.93 亿元(其中流动负债占负债总额 40%)。破产前 5 年,即 2017—2021 年甲公司部分财务信息汇总表如表 4-2 所示。

表 4-2　2017—2021 年甲公司部分财务信息汇总表　　单位: 亿元

项　目	2021 年	2020 年	2019 年	2018 年	2017 年
销售收入	107.40	106.22	107.72	91.75	83.11
毛利	27.71	29.31	27.72	25.33	22.34
净利润(或净损失)	3.11	4.99	8.94	8.38	8.91
经营活动净现金流量	−0.51	−0.45	−0.06	1.61	1.76

其他资料显示：近两年公司在实施新战略发展过程中，将大量现金花费在建造新门店和门店的装修上。假设行业销售毛利率与销售净利率的平均水平分别为25%～27%和8%～12%。

要求：完成表4-3，通过计算相关指标，分析净利润(或净损失)与经营活动净现金流量之差异的原因，并针对该案例对利润质量做具体的分析。

表4-3　2017—2021年甲公司相关指标计算表

项　　目	2021年	2020年	2019年	2018年	2017年
销售毛利率					
销售净利率					
经营活动净现金流量占净利润比重					

3. 甲公司2020年和2021年的利润表相关数据如表4-4所示。

表4-4　2020年和2021年甲公司利润表相关数据　　单位：万元

项目	营业收入		营业成本		税金及附加		销售费用	
	2020年	2021年	2020年	2021年	2020年	2021年	2020年	2021年
A	187	229	156	192	6	7	9	10
B	113	124	93	103	3	3	6	6
C	37	66	31	52	1	2	2	3
D	39	22	22	22	1	1	2	1
合计	376	441	302	369	11	13	19	20

要求：(1) 分别计算每个项目的营业收入占全部营业收入的比重并简要分析；

(2) 完成表4-5，并对该公司的盈利构成进行分析；

表4-5　2020年和2021年甲公司财务成果　　单位：万元

项目	营业毛利		营业利润		营业净利	
	2020年	2021年	2020年	2021年	2020年	2021年
A						
B						
C						
D						
合计						

(3) 如果D项目所生产的产品都销售给甲公司的母公司，财务分析人员应该如何进行分析判断？

4. 表4-6是A公司2020年和2021年的利润表。

表 4-6 利润表 单位：元

项　　目	2020 年	2021 年
一、营业收入	100 500	120 500
减：营业成本	73 500	100 000
税金及附加	500	750
销售费用	2 000	2 500
管理费用	5 340	9 000
财务费用	100	200
加：投资收益	1 600	1 800
二、营业利润	20 660	9 850
加：营业外收入	380	364
减：营业外支出	5 600	3 300
三、利润总额	15 440	6 914
减：所得税费用	5 095	2 282
四、净利润	10 345	4 632

A 公司董事长认为，2021 年营业收入上升而利润下降不是正常情况，同时管理费用大幅增加也属非常情形，需要进行分析解释。

要求：(1) 编制结构百分率分析表；

(2) 简要评述两年的各项变动，并分析其变动原因。

(四) 案例分析题

案例一：圣湘生物的“异常增长”

圣湘生物科技股份有限公司(以下简称圣湘生物)是一家以自主创新基因技术为核心，集诊断试剂和仪器的研发、生产、销售，以及第三方医学检验服务于一体的体外诊断整体解决方案提供商，公司系国内技术先进、产品齐全的体外诊断领军企业之一。公司致力于成为全球领先的创新型高端分子诊断企业和基因科技的普惠者，服务于各类疾病防控、突发疫情防控等全民健康事业，助力国家精准医疗体系和分级诊疗体系建设。

自设立以来，该公司自主研发的创新型技术和产品，填补了国内多项空白，获得国家科技进步二等奖、中国专利优秀奖等国家级重大奖项 20 余项，被评为国家知识产权示范企业、国家高新技术企业；公司获批组建国家基因检测技术应用示范中心、感染性疾病及肿瘤基因诊断技术国家地方联合工程研究中心、国家级博士后科研工作站、核酸诊断技术湖南省工程研究中心、湖南省核酸诊疗工程技术研究中心、湖南省企业技术中心等近 10 个国家和省级重大创新平台，承担国家“十二五”“十三五”重大科技专项和国家“863”计划、湖南省重点研发计划等国家级和省级重大项目 30 余项。

中审众环会计师事务所(特殊普通合伙)已对发行人 2020 年上半年度财务数据进行审阅并于 2020 年 7 月 31 日出具“众环阅字(2020)110007 号”审阅报告。2020 年 1—6 月，发行人经审阅的主要财务数据如表 4-7 至表 4-10 所示。

表 4-7　合并资产负债主要数据　　单位:万元

项　　目	2020 年 6 月 30 日	2019 年 12 月 31 日	变动率
资产总额	249 977.18	64 246.53	289.09%
负债总额	71 048.75	8 498.89	735.98%
所有者权益	178 928.43	55 747.64	220.96%
归属于母公司所有者权益	178 928.43	55 747.64	220.96%

注：2020 年 1—6 月相关数据已经审阅,2019 年 1—6 月数据未经审计、审阅。

表 4-8　合并利润表主要数据　　单位:万元

项　　目	2020 年 1—6 月	2019 年 1—6 月	变动率
营业收入	210 001.12	16 674.80	1 159.39%
营业成本	35 492.20	6 518.31	444.50%
营业利润	145 482.12	1 225.97	11 766.66%
利润总额	144 740.64	1 166.47	12 308.48%
净利润	123 178.82	833.01	14 687.20%
归属于母公司所有者的净利润	123 178.82	833.01	14 687.20%
扣非后归属于母公司所有者的净利润	122 683.08	1 335.24	9 088.09%

注：2020 年 1—6 月相关数据已经审阅,2019 年 1—6 月数据未经审计、审阅。

表 4-9　合并现金流量表主要数据　　单位:万元

项　　目	2020 年 1—6 月	2019 年 1—6 月	变动率
经营活动产生的现金流量净额	107 231.35	−5 558.17	
投资活动产生的现金流量净额	−72 800.77	−3 184.76	
筹资活动产生的现金流量净额	5 283.77	4 636.07	13.97%
汇率变动对现金的影响	23.54	1.65	1 323.35%
现金净增加额	39 737.89	−4 105.20	

注：2020 年 1—6 月相关数据已经审阅,2019 年 1—6 月数据未经审计、审阅。

表 4-10　非经常性损益表主要数据　　单位:万元

项　　目	2020 年 1—6 月	2019 年 1—6 月
非流动性资产处置损益,包括已计提资产减值准备的冲销部分	62.90	
计入当期损益的政府补助,但与公司正常经营业务密切相关,符合国家政策规定、按照一定标准定额或定量持续享受的政府补助除外	685.95	260.40
委托他人投资或管理资产的损益	577.69	125.71
除上述各项之外的其他营业外收入和支出	−741.47	−59.51
其他符合非经常性损益定义的损益项目	0	−778.05
非经常性损益总额	585.06	−451.45
减:所得税影响额	89.33	50.78
归属于母公司股东的非经常性损益净额	495.74	−502.23
扣除非经常性损益后的归属于母公司普通股股东净利润	122 683.08	1 335.24

注：2020 年 1—6 月相关数据已经审阅,2019 年 1—6 月数据未经审计、审阅。

截至2020年6月30日，发行人资产总额为249 977.18万元，相对2019年末增长289.09%；负债总额为71 048.75万元，相对2019年末增长735.98%；归属于母公司所有者权益为178 928.43万元，相对2019年末增长220.96%。2020年1—6月，发行人实现营业收入210 001.12万元，同比增长1 159.39%；归属于母公司股东的净利润为123 178.82万元，同比增长14 687.20%；扣除非经常性损益后归属于母公司股东的净利润为122 683.08万元，同比增长9 088.09%；经营活动产生的现金流量净额为107 231.35万元，同比由负转正并大幅增长。

要求：

(1) 请结合该公司实际情况解释：该公司2020年为何有如此"异常"增长？该增长能持续下去吗？

(2) 进行财务分析时，除了对企业自身进行分析，还需要进行哪些分析？

案例二：中兴通讯利润表分析

中兴通讯股份有限公司(以下简称中兴通讯)是全球领先的综合通信解决方案提供商。中兴通讯成立于1985年，是在香港和深圳两地上市的大型通信设备公司。中兴通讯通过为全球160多个国家和地区的电信运营商和企业网客户提供创新技术与产品解决方案，让全世界用户享有语音、数据、多媒体、无线宽带等全方位沟通。中兴通讯拥有通信业界完整的、端到端的产品线和融合解决方案，通过全系列的无线、有线、业务、终端产品和专业通信服务，灵活满足全球不同运营商和企业网客户的差异化需求以及快速创新的追求。中兴通讯坚持以持续技术创新为客户不断创造价值。中兴通讯PCT国际专利申请三度居全球首位，位居"全球创新企业70强"与"全球ICT企业50强"。

2019年所在计算机、通信和其他电子设备制造业行业的营业收入增长率为8.98%，所在行业的净利润增长率为−3.16%。2019年中兴通讯利润表分析表和2019年中兴通讯各收益项目占利润总额比重表如表4-11和表4-12所示。

表4-11　2019年中兴通讯利润表分析表　　金额单位：元

利润表项目	本期发生额(年初至报告期末)	去年同期	同期对比	本期项目占比
一、总营业收入：	92 454 769 000.00	86 841 835 000.00	6.46%	100.00%
其中：营业收入	90 736 582 000.00	85 513 150 000.00	6.11%	98.14%
减：营业成本	57 008 377 000.00	57 367 578 000.00	−0.63%	61.66%
手续费及佣金支出	0.00	3 654 881 000.00	−100.00%	
其他营业成本		3 654 881 000.00	−100.00%	
税金及附加	930 511 000.00	637 725 000.00	45.91%	1.01%
销售费用	7 868 722 000.00	9 084 489 000.00	−13.38%	8.51%
管理费用	17 320 721 000.00	14 557 082 000.00	18.98%	18.73%
财务费用	965 955 000.00	280 648 000.00	244.19%	1.04%
加：其他收益	4 383 914 000.00	2 100 938 000.00	108.66%	4.74%
投资收益	249 445 000.00	294 486 000.00	−15.29%	0.27%
其中：对联营企业和合营企业的投资收益	−675 616 000.00	−797 318 000.00	15.26%	0.73%

续　表

利润表项目	本期发生额（年初至报告期末）	去年同期	同期对比	本期项目占比
公允价值变动净收益（损失以"－"号填列）	－213 992 000.00	－861 259 000.00	75.15%	0.23%
资产减值损失（损失以"－"号填列）	－3 509 481 000.0	－2 076 863 000.00	－68.98%	3.80%
二、营业利润（损失以"－"号填列）	7 552 182 000.00	－611 951 000.00	1 334.12%	8.17%
加：营业外收入	183 700 000.00	142 651 000.00	28.78%	0.20%
减：营业外支出	574 212 000.00	6 880 903 000.00	－91.65%	0.62%
三、利润总额（亏损额以"－"号填列）	7 161 670 000.00	－7 350 203 000.00	197.43%	7.75%
减：所得税费用	1 385 001 000.00	－400 863 000.00	445.50%	1.50%
四、净利润（净亏损以"－"号填列）	5 776 669 000.00	－6 949 340 000.00	183.13%	6.25%
1. 归属于母公司所有者的净利润（净亏损以"－"号填列）	5 496 477 000.00	－6 566 625 000.00	183.70%	5.95%
2. 少数股东损益（净亏损以"－"号填列）	280 192 000.00	－382 715 000.00	173.21%	0.30%
五、其他综合收益税后净额	49 441 000.00	－905 246 000.00	105.46%	0.05%

表 4-12　2019 年中兴通讯各收益项目占利润总额比重表　　单位：%

项目	投资收益	公允价值变动损益	营业外收入
中兴	3.48	－2.99	2.57
行业	16.52	5.85	5.63

要求：对中兴通讯 2019 年经营状况和利润质量进行分析。

（五）思考题

1. 利润表分析的作用是什么？
2. 简述经营（报告）分部水平分析的基本思路。
3. 商品销售收入只有同时满足哪些条件时，才能加以确认？
4. 如何对营业收入进行分析？
5. 如何对期间费用进行分析？
6. 营业外收入与营业收入的区别是什么？
7. 对企业盈利质量分析时，应从哪些方面入手？
8. 在分析会计政策的选用对利润质量的影响时，还应关注哪些方面？

第五章　现金流量表分析

一、重点与难点

1. 现金流量表的概念
2. 现金、现金等价物、现金流量的概念
3. 现金流量表分析的作用
4. 现金流量表结构分析
5. 现金流量表项目分析
6. 现金流量表总体评价

二、关键概念与参考解释

1. 现金流量

现金流量是某一段时期内企业现金和现金等价物流入和流出的数量,如企业销售商品、提供劳务、出售固定资产、向银行借款等取得现金,形成企业的现金流入;购买原材料、接受劳务、购建固定资产、对外投资、偿还债务等支付现金,形成企业的现金流出。

2. 现金等价物

现金等价物是指企业持有的期限短、流动性强、易于转换为已知金额的现金、价值变动风险很小的投资。

3. 经营活动

经营活动是指企业投资活动和筹资活动以外的所有交易和事项。各类企业由于行业特点不同,对经营活动的认定存在一定差异。对于工商企业而言,经营活动主要包括销售商品、提供劳务、购买商品、接受劳务、支付税费等。

4. 投资活动

投资活动是指企业长期资产的购建和不包括在现金等价物范围内的投资及其处置活动。长期资产是指固定资产、无形资产、在建工程、其他资产等持有期限在一年或一个营业周期以上的资产。

5. 筹资活动

筹资活动是指导致企业资本及债务规模和构成发生变化的活动。这里所说的资本,既包括实收资本(股本),也包括资本溢价(股本溢价);这里所说的债务,是指对外举债,包括向银行借款、发行债券及偿还债务等。

6. 现金流入结构

现金流入结构分为总流入结构和内部流入结构。现金总流入结构是反映企业经营活动的现金流入量、投资活动的现金流入量和筹资活动的现金流入量分别占现金总流入量的比重。内部现金流入结构反映的是经营活动、投资活动和筹资活动等各项业务活动现金流入中具体项目的构成情况。

7. 现金流出结构

现金流出结构分为总流出结构和内部流出结构。现金总流出结构是反映企业经营活动的现金流出量、投资活动的现金流出量和筹资活动的现金流出量分别在全部现金流出量中所占的比重。内部现金流出结构反映的是经营活动、投资活动和筹资活动等各项业务活动现金流出中具体项目的构成情况。

三、练习题

(一) 单项选择题

1. 能使经营活动现金流量减少的项目是(　　)。

A. 无形资产摊销　　B. 出售长期资产利得

C. 存货增加　　D. 应收账款减少

2. 在企业处于高速成长阶段,投资活动现金流量往往是(　　)。

A. 流入量大于流出量　　B. 流出量大于流入量

C. 流入量等于流出量　　D. 不一定

3. 企业采用间接法确定经营活动现金流量时,应该在净利润的基础上(　　)。

A. 加上投资收益　　B. 减去预提费用的增加

C. 减去固定资产折旧　　D. 加上投资损失

4. 下列财务活动中不属于企业筹资活动的是(　　)。

A. 发行债券　　B. 分配股利　　C. 吸收权益性投资　　D. 购建固定资产

5. 下列选项中,不属于现金及现金等价物的是(　　)。

A. 三个月内到期的债券　　B. 库存现金

C. 银行活期存款　　D. 银行定期存款

6. 与企业现金流量无关的因素是(　　)。

A. 经营周期　　B. 发展战略　　C. 市场环境　　D. 会计政策

7. 应重点关注的经营现金流出项目是(　　)。

A. 购买商品接受劳务支付的现金　　B. 支付给职工以及为职工支付的现金

C. 支付的各项税费　　D. 支付的其他与经营活动有关的现金

8. 初创期和成长期,金额较大的投资活动现金流量是(　　)。

A. 处置长期资产收到的现金　　B. 处置子公司收到的现金

C. 购建长期资产支付的现金　　D. 投资支付的现金

9. 现金流量表中的“销售商品、提供劳务收到的现金”项目大于利润表中的“主营业务收入”项目,则下列描述最佳的是(　　)。

A. 本年销售货款在当年全部变现

B. 本年销售货款在当年全部变现，以前年度销售也在本年收回

C. 本年销售企业信用政策过于宽松

D. 现金比率将小于流动比率

10. 下列各项中，不属于现金流量表分析目的的是（　　）。

A. 了解企业资产的变现能力　　B. 了解企业现金变动情况和变动原因

C. 判断企业获取现金的能力　　D. 评价企业盈利质量

11. 对于一个健康的、正在成长的公司来说，下列说法正确的是（　　）。

A. 经营活动现金净流量应当是正数　　B. 投资活动现金净流量是正数

C. 筹资活动现金净流量是负数　　D. 经营活动现金净流量应当是负数

12. 下列交易或事项中所产生的现金流量，属于现金流量表中"经营活动产生的现金流量"的是（　　）。

A. 出售无形资产收到的现金　　B. 融资租赁支付的现金

C. 支付应由在建工程负担的职工薪酬　　D. 企业代购代销活动收到的现金

13. 下列选项中，会引起现金流量增减变动的项目是（　　）。

A. 用银行存款购买 1 个月内到期的债券　　B. 赊购原材料

C. 用银行存款偿还债务　　D. 以固定资产进行对外投资

14. 销售厂房所收到的现金应划分为（　　）。

A. 经营活动现金流量　　B. 投资活动现金流量

C. 其他业务收入　　D. 筹资活动现金流量

15. 下列选项中，属于健康成长公司的是（　　）。

A. 经营活动现金净流量大于零，投资活动现金净流量大于零

B. 经营活动现金净流量小于零，投资活动现金净流量小于零

C. 经营活动现金净流量小于零，投资活动现金净流量大于零

D. 经营活动现金净流量大于零，投资活动现金净流量小于零

（二）多项选择题

1. 现金流量表中现金所包括的具体内容有（　　）。

A. 库存现金　　B. 银行存款　　C. 短期证券　　D. 发行债券

E. 发行股票

2. 属于筹资活动现金流量的项目有（　　）。

A. 短期借款增加　　B. 资本净增加　　C. 增加长期投资　　D. 偿还长期债券

E. 取得债券利息收入收到的现金

3. 从净利润调整为经营活动现金流量，应调增的项目有（　　）。

A. 流动负债减少　　B. 财务费用

C. 不减少现金费用　　D. 非流动资产增加

E. 投资损失

4. 下列活动中，属于经营活动产生的现金流量有（　　）。

A. 销售商品收到的现金　　B. 分配股利支出的现金

C. 提供劳务收到的现金　　D. 出售设备收到的现金

E. 缴纳税款支出的银行存款

5. 从经营活动现金流量调整为净利润,应调减的项目有(　　)。

A. 流动负债减少　　B. 投资损失

C. 不减少现金的经营性费用　　D. 非现金流动资产的减少

E. 固定资产折旧

6. 属于筹资活动现金流量的项目有(　　)。

A. 短期借款的增加　　B. 支付给职工的现金

C. 或有收益　　D. 分配股利所支付的现金

E. 取得债券利息收入

7. 下列选项可能导致资产负债表"货币资金"项目期末余额,不等于现金流量表"现金及现金等价物"期末余额的有(　　)。

A. 以交易为目的的股票投资　　B. 银行定期存款

C. 三个月内到期的短期债券投资　　D. 申请开立银行承兑汇票时支付的保证金

E. 银行活期存款

8. 下列关于投资活动的现金流量的说法中正确的有(　　)。

A. 投资活动的现金流量大于或等于零可能是短期投资回报能力强的表现

B. 投资活动的现金流量大于或等于零可能是处置长期资产补偿日常现金需求的表现

C. 投资活动的现金流量小于零可能是投资收益状况较差的表现

D. 投资活动的现金流量小于零可能是有较大的对外投资的表现

E. 投资活动的现金流量小于零可能对企业的长远发展是有利的

9. 现金流量结构分析的目的有(　　)。

A. 了解现金主要来自哪里　　B. 了解各类现金的变动及其差异

C. 了解现金主要用往何处　　D. 了解影响现金变动的因素及其变动程度

E. 了解现金及现金等价物净增加额的构成情况

10. 下列关于现金流量表分析的表述,错误的有(　　)。

A. 企业承担经营风险与财务风险的能力都与企业现金流量状况直接相关

B. 经营活动现金净流量越大,说明企业的现金状况越稳定,支付能力越有保障

C. 当经营活动的现金流量为正数,其流入与流出比率一定大于1

D. 对于任何公司而言,经营活动现金净流量一般大于零,投资活动的现金净流量应小于零,筹资活动的现金净流量应正负相间

E. 现金流量表是分析利润质量的依据

11. 企业筹资活动产生的现金流量小于零,可能意味着(　　)。

A. 企业在本会计期间大规模偿还债务

B. 企业经营活动与投资活动在现金流量方面运转较好,有能力偿还债务、分配利润等

C. 企业当期进行了增资扩股

D. 企业在投资和扩张方面没有更多的作为

E. 企业无法取得新的借款

12. 下列选项中,属于筹资活动产生的现金流量的有(　　)。

A. 支付债券利息　　B. 取得银行借款

C. 为发行股票而由企业支付的审计费　　D. 购入固定资产支付的现金

E. 偿付企业到期本金支付的现金

13. 下列有关现金流量表的表述中，正确的有(　　)。

A. 现金流量表的编制可以采用直接法和间接法

B. 直接法以净利润为起点

C. 间接法以营业收入为起点

D. 采用直接法编制的现金流量表便于预测企业现金流量的未来前景

E. 采用间接法编制的现金流量表便于分析企业经营活动产生现金流量的来源和用途

14. 通过现金流量表分析，会计信息使用者可以(　　)。

A. 评价企业利润质量

B. 评价企业财务风险

C. 预测企业未来现金流量

D. 评价企业获取现金和现金等价物的能力

E. 了解利润与现金流量之间差异的大小和原因

15. 下列关于现金流量表的表述和分析，正确的有(　　)。

A. 现金流量表分析可以评价企业的利润质量

B. 出售厂房所得现金可以增加经营活动现金流入

C. 投资活动现金流量小于零可以解释为企业投资收益状况较差，没有取得经济效益，并导致现金的净流出或企业当期有较大的对外投资，分析人员应注意区分原因

D. 通过定比趋势分析，可以了解企业连续期间的现金流量的变动趋势、变动方向和变动速度

E. 现金流量分析包括现金流入结构分析、现金流出结构分析以及现金流入流出结构分析

(三) 计算分析题

1. B公司2021年年末普通股股数为1 000万股，资产总额为15 000万元，当年税前利润为1 464万元，所得税税率为25%，当年现金利息支出为300万元，现金流量表相关项目数据如表5-1所示。

表5-1　现金流量表相关项目数据　　单位：万元

项　　目	2021年
经营活动现金流量	1 847
投资活动现金流量	312
筹资活动现金流量	−2 049
现金及现金等价物的净增加额	110

要求：(1) 简述该公司主要的现金来源和现金支出；

(2) 比较经营活动现金流量与净利润之间的关系。

2. 某公司的现金流量表(简表)如表5-2所示。

表5-2　现金流量表(简表)　　单位：万元

主表项目	金额	补充资料项目	金额
经营活动现金净流量	900	净利润	C
投资活动现金净流量	−470	+(−)调整项目总额	−600
筹资活动现金净流量	−230	经营活动现金净流量	B
汇率变动对现金流量的影响	0	现金的期末余额	320
现金及现金等价物的净增加额	A	减：现金的期初余额	D
		现金净增加额	E

要求：(1) 计算表中 A、B、C、D、E 五项数据，并填在表格相应位置；

(2) 由现金净流量的组成说明该公司的现金流量状况；

(3) 推断该公司所处的发展周期；

(4) 说明该公司利润的质量。

3. 某公司 2021 年现金流量表如表 5-3 所示。

表 5-3 现金流量表

单位：元

项　目	本期金额
一、经营活动产生的现金流量：	
销售商品、提供劳务收到的现金	8 930 000
购买商品、接受劳务支付的现金	7 560 000
支付给职工以及为职工支付的现金	420 000
支付的各项税费	350 000
支付其他与经营活动有关的现金	400 000
经营活动产生的现金流量净额	200 000
二、投资活动产生的现金流量：	
取得投资收益收到的现金	240 000
处置固定资产、无形资产和其他长期资产收回的现金净额	300 000
购建固定资产、无形资产和其他长期资产支付的现金	900 000
投资活动产生的现金流量净额	－360 000
三、筹资活动产生的现金流量：	
吸收投资发行债券收到的现金	1 500 000
偿还债务所支付的现金	510 000
分配股利、利润或偿付利息支付的现金	540 000
筹资活动产生的现金流量净额	450 000
四、现金及现金等价物净增加额	290 000
补充资料	本期金额
1. 将净利润调节为经营活动现金流量：	
净利润	A
加：资产减值准备	30 000
固定资产折旧	20 000
无形资产摊销	0
长期待摊费用摊销	1 000
待摊费用的减少(增加以“－”号填列)	－20 000
预提费用的增加(减少以“－”号填列)	0
处置固定资产、无形资产和其他长期资产的损失	0
财务费用	35 000
投资损失(收益以“－”号填列)	－140 000
存货的减少(增加以“－”号填列)	18 000

续　表

补充资料	本期金额
经营性应收项目的减少(增加以"－"号填列)	－50 000
经营性应付项目的增加(减少以"－"号填列)	－50 000
其他	0
经营活动产生的现金流量净额	B
2. 现金及现金等价物净变动情况:	
现金的期末余额	566 000
减: 现金的期初余额	C
现金及现金等价物净增加额	D

该公司2021年年初总资产为500 000元,年末总资产为600 000元;2021年年初股本为300 000股,6月1日增发股票100 000股;该公司所在行业的资产现金流量收益率和每股现金流量为30%和0.50。

要求: (1) 根据资料,计算表5-3中的A、B、C、D四项数据,并简要评价该公司的利润质量;

(2) 从现金净流量的组成,观察该公司的经营实力并分析其可能所处的发展时期;

(3) 根据资料,对该公司2021年度的流入结构、流出结构和流入流出比例进行分析;

(4) 计算该公司的资产现金流量收益率和每股现金流量并进行分析。

4. A公司2019年、2020年与2021年有关现金流量资料如表5-4所示。

表5-4　现金流量资料

单位: 万元

项　　目	2019年	2020年	2021年
经营活动现金流入	1 500	1 650	1 800
经营活动现金流出	1 200	1 140	1 080
投资活动现金流入	250	180	230
投资活动现金流出	180	220	250
筹资活动现金流入	230	470	490
筹资活动现金流出	86	340	420

要求: (1) 根据上述资料,以2019年为基年,进行现金流量的定比趋势分析,将表5-5补充完整;

表5-5　2019—2021年现金流量定比趋势分析表

单位: 万元

项　　目	2019年	2020年	2021年
经营活动现金净流量	100		
投资活动现金净流量	100		
筹资活动现金净流量	100		

(2) 结合表5-5对A公司现金流量的趋势变化进行简要的分析评价。

5. A公司2020年经营活动产生的现金流量净额为300 000元,投资活动产生的现金流量净额为－300 000元,筹资活动产生的现金流量净额为7 000元;2021年经营活动产生的现金流量净额为－100 000 元，投资活动产生的现金流量净额为 200 000 元，筹资活动产生的现金流量净额为 2 000 元。

要求：(1) 计算 A 公司 2020 年和 2021 年现金及现金等价物净额；

(2) 对 A 公司 2020 年和 2021 年的现金流量状况作简要分析。

（四）案例分析题

案例一：绿源房地产现金流量表分析

绿源房地产股份有限公司成立于 2006 年，其主要产业为商品住宅开发，辅以设计研发、物业服务等业务。公司住宅开发的主要地域为二三线城市。截至 2018 年年末，绿源房地产股份有限公司已有 9 家子公司、分公司和项目部，其相关现金流量情况如表 5-6 至表 5-12 所示。

表 5-6　2016—2018 年现金流量情况　　单位：万元

项　目	2018 年度	2017 年度	2016 年度
经营活动产生的现金流量净额	－25 785.92	－3 548.42	1 837.91
投资活动产生的现金流量净额	－216.11	－885.94	－1 330.27
筹资活动产生的现金流量净额	23 592.03	17 685.28	42.26
现金及现金等价物净增加额	－2 409.99	13 250.93	549.90

表 5-7　子公司、分公司和项目部 2018 年现金净流量　　单位：万元

项　目	本部	廊坊公司	南京公司	沧州公司	蚌埠公司	荣盛物业	荣盛设计	徐州公司	邳州项目部
销售商品、提供劳务收到的现金	0	89 598	18 222	11 162	30 354	1 825	437	13 942	0
购买商品、接受劳务支付的现金	46 580	47 778	23 010	20 419	16 730	1 060	42	10 352	5 076
经营活动产生的现金流量净额	－47 358	32 549	－8 325	－11 335	11 428	－279	108	3 433	－5 078

表 5-8　2016—2018 年现金流入结构　　单位：%

项　目	2018 年度	2017 年度	2016 年度
经营活动现金流入占现金总流入的比例	74.88	75.71	80.76
投资活动现金流入占现金总流入的比例	0	0	0.10
筹资活动现金流入占现金总流入的比例	25.12	24.29	19.14
合　计	100.00	100.00	100.00

表 5-9　2016—2018 年现金流出结构　　单位：%

项　目	2018 年度	2017 年度	2016 年度
经营活动现金流出占现金总流出的比例	85.34	84.57	79.42
投资活动现金流出占现金总流出的比例	0.09	0.58	1.38
筹资活动现金流出占现金总流出的比例	14.57	14.85	19.20
合　计	100.00	100.00	100.00

表 5-10　2016—2018 年经营活动现金流出项目结构　单位：%

项　　目	2018 年度	2017 年度	2016 年度
购买商品接受劳务支付的现金占经营性现金流出的比例	87.42	85.32	83.54
支付给职工以及为职工支付的现金占经营性现金流出的比例	1.05	1.15	1.35
支付的各项税费占经营性现金流出的比例	8.08	7.23	12.47
支付的其他与经营活动有关的现金占经营性现金流出的比例	3.45	6.30	2.65
合　　计	100.00	100.00	100.00

表 5-11　2016—2018 年应交税金余额与主营业务收入结构　金额单位：万元

项　　目	2018 年度	2017 年度	2016 年度
应交税金余额	17 688.85	10 150.99	4 423.74
主营业务收入	136 642.28	119 494.04	73 505.10
应交税金余额占主营业务收入的比例	12.95%	8.49%	6.02%

表 5-12　2016—2018 年现金购销结构　金额单位：万元

项　　目	2018 年度	2017 年度	2016 年度
购买商品、接受劳务支付的现金(1)	171 048.78	110 570.91	68 960.63
销售商品、提供劳务收到的现金(2)	164 609.56	118 106.66	82 295.97
现金购销比(3)=(1)/(2)	1.04	0.94	0.84
营业成本(4)	97 714.39	87 465.28	49 412.10
营业收入(5)	136 642.28	119 494.04	73 505.10
销售成本率(6)=(4)/(5)	0.72	0.73	0.67
现金购销比与销售成本率的差额(7)=(3)-(6)	0.32	0.20	0.17

要求：

(1) 分析绿源房地产股份有限公司很可能正处于生命周期的哪个阶段；

(2) 请对该公司的现金流量情况进行分析和评价。

案例二：康美药业现金流量表分析

康美药业股份有限公司成立于 1997 年，于 2001 年在上交所上市，是国内率先把互联网布局中医药全产业链，全面打造“大健康＋大平台＋大数据＋大服务”体系的中医药全产业链精准服务型“智慧＋”大健康产业大型上市企业，国家高新技术企业。拥有“国家企业技术中心”等 17 个国家及省部级研发平台和 14 个自主研发平台，已开展中药国际化、中药标准化等国家及省部级重大项目近百个，主持和参加制定国家、行业标准数十项，获批国家或国际组织认证的实验室 3 个，获得省级及以上科技奖励 7 项，获得近 200 项专利，是国家技术创新示范企业和国家智能制造试点示范企业、国家知识产权优势企业。

康美药业 2019 年度的营业收入与上一年度相比增长率为－32.93% ，其康美药业 2019 年现金流量分析表如表 5-13 所示。

表 5-13　康美药业 2019 年现金流量分析表　　金额单位:元

项　　目	本　　期	上　　期	同期增长率
销售商品、提供劳务收到的现金	13 248 082 956.01	21 037 024 386.50	−37.02%
收到的税费的返还	29 628.51		
收到的其他与经营活动有关的现金	424 651 267.17	584 696 603.01	−27.37%
购买商品、接受劳务支付的现金	8 329 102 923.81	16 963 969 067.32	−50.90%
支付给职工以及为职工支付的现金	893 528 987.65	998 550 711.93	−10.52%
支付的各项税费	537 865 955.71	1 878 060 784.63	−71.36%
支付其他与经营活动有关的现金	1 030 220 998.44	1 475 523 698.19	−30.18%
经营活动产生的现金流量净额	2 882 044 986.08	305 616 727.44	843.03%
收回投资收到的现金	320 000 000.00		
取得投资收益收到的现金		12 000 000.00	−100.00%
处置固定资产、无形资产和其他长期资产收回的现金净额	3 601 129.74	1 512 242.50	138.13%
支付给职工以及为职工支付的现金	893 528 987.65	998 550 711.93	−10.52%
处置子公司及其他营业单位收到的现金净额	29 254 147.38		
购建固定资产、无形资产和其他长期资产支付的现金	473 204 662.42	4 593 296 419.68	−89.70%
投资支付的现金	6 951 374.67	1 500 000.00	363.42%
取得子公司及其他营业单位支付的现金净额		69 284 491.07	−100.00%
支付其他与投资活动有关的现金	41 459 263.56		
投资活动产生的现金流量净额	−168 760 023.53	−4 650 568 668.25	96.37%
吸收投资收到的现金	3 445 000.00	4 818 959.34	−28.51%
吸收权益性投资收到的现金	3 445 000.00	4 818 959.34	−28.51%
其中:子公司吸收少数股东投资收到的现金	3 445 000.00	4 818 959.34	−28.51%
取得借款收到的现金	11 175 722 000.00	34 737 040 000.00	−67.83%
收到其他与筹资活动有关的现金	31 191 003.59	21 663 831.05	43.98%
偿还债务支付的现金	12 700 978 109.66	29 619 646 000.00	−0.57
分配股利、利润或偿付利息支付的现金	2 547 607 161.85	3 015 938 353.89	−0.16
其中:子公司支付给少数股东的股利、利润	861 142.21		
支付其他与筹资活动有关的现金	6 880 217.70	138 339 976.36	−0.95
筹资活动产生的现金流量净额	−4 045 107 485.62	1 989 598 460.14	−3.03
汇率变动对现金及现金等价物的影响	350 399.69	218 420.84	0.60
现金及现金等价物净增加额	−1 331 472 123.38	−2 355 135 059.83	0.43
期初现金及现金等价物余额	1 743 304 062.73	4 098 439 122.56	−0.57
期末现金及现金等价物余额	411 831 939.35	1 743 304 062.73	−0.76

要求:对康美药业的现金流量情况进行分析评价。

（五）思考题

1. 现金流量表分析的作用是什么？
2. 现金流量表与其他三张财务报表的关系是什么？
3. 企业三类活动的现金流量的关系是怎样的？
4. 现金流量构成分析的内容是什么？
5. 企业在不同发展阶段经营活动现金流量的特征是什么？

第六章　所有者权益变动表分析

一、重点与难点

1. 所有者权益变动表的概念
2. 所有者权益变动表结构分析
3. 所有者权益变动表项目分析
4. 所有者权益变动表总体评价

二、关键概念与参考解释

1. 所有者权益

所有者权益是指企业资产扣除负债后由股东享有的剩余权益,也称净资产,是股东投资资本于经营过程中形成的留存收益的集合,是股东投资和公司发展实力的资本体现。所有者权益在公司经营期内可供企业长期、持续地使用,是公司生存和发展的基础。

2. 实收资本

实收资本是投资者投入资本形成法定资本的价值。所有者向企业投入的资本,在一般情况下无须偿还,可以长期周转使用。

3. 资本公积

资本公积是企业收到投资者的超出其在企业注册资本(或股本)中所占份额的投资,以及直接计入所有者权益的利得和损失等,即资本公积包括资本溢价(或股本溢价)和直接计入所有者权益的利得和损失等。

4. 其他综合收益

其他综合收益是指企业根据其他会计准则规定未在当期损益中确认的各项利得和损失。其他综合收益项目应当根据其他相关会计准则的规定分为下列两类列报:以后会计期间不能重分类进损益的其他综合收益项目和以后会计期间在满足规定条件时将重分类进损益的其他综合收益项目。

5. 盈余公积

盈余公积是指企业按照规定从净利润中提取的各种积累资金。公司制企业的盈余公积分为法定盈余公积和任意盈余公积。

6. 未分配利润

未分配利润是企业留待以后年度进行分配的结存利润，也是企业所有者权益的组成部分。

7. 综合收益总额

综合收益总额是净利润加上其他综合收益扣除所得税影响后的净额。

8. 会计政策

会计政策是指会计主体在会计核算过程中所采用的原则、基础和会计处理方法。

9. 会计政策变更

会计政策变更是指在特定的情况下，企业可以对相同的交易或事项由原来采用的会计政策改用另一会计政策。

10. 前期差错

前期差错是指由于没有运用或错误运用以下两种信息而对前期财务报表造成遗漏或错误：第一，编报前期财务报表时能够合理统计取得并应当加以考虑的可靠信息；第二，前期财务报表批准报出时能够取得的可靠信息。

三、练习题

（一）单项选择题

1. 所有者权益是指企业资产扣除负债后由股东享有的剩余权益，也称为（　　）。

A. 净负债　　B. 净资产

C. 净收益　　D. 净流量

2. 当期所有者权益净变动额等于（　　）。

A. 总权益变动额　　B. 总资产变动额

C. 总股本变动额　　D. 净资产变动额

3. 下列项目中，不影响当期所有者权益变动额的项目是（　　）。

A. 净利润　　B. 所有者投入和减少资本

C. 所有者权益内部结转　　D. 利润分配

4. 产生库存股的条件是（　　）。

A. 股票回购　　B. 股票分割

C. 股票股利　　D. 股权流通对价

5. 某公司本年净利润为 2 000 万元，股利分配时的股票市价为 20 元/股，发行在外的流通股股数为 1 000 万股，股利分配政策为 10 送 2，则稀释每股收益为（　　）。

A. 1.67 元　　B. 2 元

C. 16.67 元　　D. 20 元

6. 关于所有者权益变动表的编制，下列说法不正确的是（　　）。

A. “净利润”项目，反映企业当年实现的净利润（或净亏损）金额

B. “所有者投入资本”项目，反映企业当年所有者投入的资本，包括实收资本和资本溢价

C. “股份支付计入所有者权益的金额”项目，反映企业处于等待期中的现金结算的股份支付当年计入资本公积的金额

D. “所有者权益内部结转”项目，反映不影响当年所有者权益总额的所有者权益各组成部分之间当年的增减变动

7. 下列关于所有者权益变动表的结构及填列方法,表述错误的是(　　)。
A. 所有者权益变动表应当以矩阵的形式列示
B. 所有者权益变动表"上年金额"栏内各项数字,应根据上年度所有者权益变动表"本年金额"栏内所列数字填列
C. 如果上年度所有者权益变动表规定的各个项目的名称和内容同本年度不一致,应对上年度所有者权益变动表各项目的名称和数字按本年度的规定进行调整,填入所有者权益变动表"本年金额"栏内
D. 所有者权益变动表"本年金额"栏内各项数字一般应根据"实收资本(或股本)""资本公积""其他综合收益""盈余公积""利润分配""库存股""以前年度损益调整"等科目的发生额分析填列
8. 下列关于所有者权益变动表说法不正确的是(　　)。
A. 所有者权益变动表应该以矩阵形式列示
B. 所有者权益变动表应该单独列示会计政策变更和差错更正的累积影响金额
C. 如果上年度所有者权益变动表规定的各个项目的名称和内容同本年度不相一致,应对上年度所有者权益变动表各项目的名称和数字按本年度的规定进行调整
D. 所有者权益变动表分为"本年金额"和"上年金额"两行列示
9. 下列各项中,不属于其他综合收益的是(　　)。
A. 外币报表折算差额
B. 其他权益工具投资的公允价值变动
C. 发行可转换债券时确认的权益成分公允价值
D. 非投资性房地产转换为采用公允价值模式计量的投资性房地产时公允价值大于账面价值的差额

(二) 多项选择题

1. 所有者权益内部结转包括(　　)。
A. 资本公积转增资本　　B. 盈余公积转增资本
C. 盈余公积弥补亏损　　D. 股票分割
E. 股票回购
2. 下列各项中,影响当期所有者权益变动额的项目有(　　)。
A. 净利润　　B. 所有者投入和减少资本
C. 所有者权益内部结转　　D. 分配现金股利
E. 库存股增加
3. 前期差错通常包括(　　)。
A. 应用会计政策错误　　B. 计算错误
C. 疏忽产生的影响　　D. 曲解事实产生的影响
E. 舞弊产生的影响
4. 一般而言,公司派现决策的动机包括(　　)。
A. 消除不确定性　　B. 传递优势信息
C. 减少代理成本　　D. 公司处于初创期
E. 稳定投资者的心态
5. 所有者权益变动表所包含的财务状况质量信息有"输血型"变动和"盈利型"变动,下列

属于“输血型”变动的有(　　)。

A. 增资扩股　　B. 发放股票股利

C. 接受捐赠　　D. 当期扭亏为盈

E. 债转股

6. 下列各项中,能同时引起负债和所有者权益同时发生变动的有(　　)。

A. 企业发放股票股利　　B. 企业宣告分配利润

C. 以盈余公积派发现金股利　　D. 转销无法支付的应付账款

E. 赊销形成的应收账款

7. 下列各项中,属于所有者权益变动表单独列示的项目有(　　)。

A. 提取盈余公积　　B. 其他综合收益

C. 当年实现的净利润　　D. 资本公积转增资本

E. 净利润

8. 下列属于所有者权益变动表列示项目的有(　　)。

A. 所有者权益各组成部分的期初和期末余额及其调节情况

B. 会计政策变更和差错更正的累积影响金额

C. 综合收益总额

D. 提取的盈余公积

E. 净利润

9. 下列各项中,影响所有者权益总额发生变动的有(　　)。

A. 用盈余公积发放现金股利或利润　　B. 用盈余公积弥补亏损

C. 宣告分配现金股利　　D. 实际发放股票股利

E. 提取盈余公积

(三) 计算分析题

1. 某公司2021年实现净利3 000万元,分配股利806万元,增发新股2 000万元,长期投资于A单位,股权占40%,A单位2021年盈利250万元,试确定所有者权益变动额。

2. 假定AA公司本年净利为5 000万元,股利分配时的股票市价为10元/股,发行在外的流通股股数为10 000万股,股利分配政策为10送5,试计算此政策对每股收益和每股市价的影响。

3. 某公司有流通在外的股票200万股,每股市价为3元,公司的市场价值总额为600万元。简化的现金股利支付前的资产负债表如表6-1所示。

表6-1　资产负债表(现金股利支付前)　　单位:元

资　　产	金　　额	负债和所有者权益	金　　额
货币资金	2 500 000	负债	0
其他资产	3 500 000	所有者权益	6 000 000
合　　计	6 000 000	合计	6 000 000

假设该公司管理部门本年末决定每股有1元的派现,试计算支付股利后的公司市场价值、权益和每股市价。

（四）案例分析题

小杨对 GEDQ 公司所有者权益变动表及相关资料进行了水平分析和垂直分析，表 6-2 和表 6-3 为小杨处理后的数据分析表。

表 6-2　GEDQ 公司所有者权益变动表水平分析表(简表)　　金额单位:万元

项　目	2021 年	2020 年	变动额	变动率
一、上年年末余额	3 825 242.6	3 218 824.9	606 417.7	18.84%
二、本年年初余额	3 825 242.6	3 218 824.9	606 417.7	18.84%
三、本年增减变动金额	793 454.6	606 417.7	187 036.9	30.84%
(一) 综合收益总额	880 958.4	646 203.0	234 755.4	36.33%
(二) 所有者投入和减少资本	13 669.6	35 158.1	−21 488.5	−61.12%
1. 所有者投入的普通股				
2. 其他权益工具持有者投入资本				
3. 股份支付计入所有者权益的金额	13 669.6	35 158.1	−21 488.5	−61.12%
4. 其他				
(三) 利润分配	−213 588.5	−299 773.3	86 184.8	−28.75%
1. 提取盈余公积				
2. 对所有者(或股东)的分配	−213 588.5	−299 773.3	86 184.8	−28.75%
3. 其他				
(四) 所有者权益内部结转	112 415.0	224 829.9	−112 414.9	−50.00%
1. 资本公积转增资本(或股本)				
2. 盈余公积转增资本(或股本)				
3. 盈余公积弥补亏损	112 415.0		112 415.0	
4. 设定收益计划变动额结转留存收益				
5. 其他综合收益结转留存收益				
6. 其他		224 829.9	−224 829.9	
四、本年年末余额	4 618 697.2	3 825 242.6	793 454.6	20.74%

表 6-3　GEDQ 公司所有者权益变动表垂直分析表(简表)　　金额单位:万元

项　目	2021 年	2020 年	2021 年构成	2020 年构成
一、上年年末余额	3 825 242.6	3 218 824.9	82.82%	84.15%
二、本年年初余额	3 825 242.6	3 218 824.9	82.82%	84.15%
三、本年增减变动金额	793 454.6	606 417.7	17.18%	15.85%
(一) 综合收益总额	880 958.4	646 203.0	19.07%	16.89%
(二) 所有者投入和减少资本	13 669.6	35 158.1	0.30%	0.92%
1. 所有者投入的普通股				
2. 其他权益工具持有者投入资本				
3. 股份支付计入所有者权益的金额	13 669.6	35 158.1	0.30%	0.92%
4. 其他				

续 表

项 目	2021 年	2020 年	2021 年构成	2020 年构成
(三) 利润分配	−213 588.5	−299 773.3	−4.62%	−7.84%
1. 提取盈余公积				
2. 对所有者(或股东)的分配	−213 588.5	−299 773.3	−4.62%	−7.84%
3. 其他				
(四) 所有者权益内部结转	112 415.0	224 829.9	2.43%	5.88%
1. 资本公积转增资本(或股本)				
2. 盈余公积转增资本(或股本)				
3. 盈余公积弥补亏损	112 415.0		2.43%	
4. 设定收益计划变动额结转留存收益				
5. 其他综合收益结转留存收益				
6. 其他		224 829.9		5.88%
四、本年年末余额	4 618 697.2	3 825 242.6	100.00%	100.00%

要求：

(1) 请根据表 6-2 和表 6-3,对 GEDQ 公司所有者权益变动情况和构成情况进行分析评价；

(2) 请分析所有者权益变动表能为信息使用者提供哪些有用信息。

(五) 思考题

1. 所有者权益变动表分析的作用有哪些?
2. 对于所有者权益变动表的总体分析评价主要应关注哪些内容?
3. 试述所有者权益变动表与资产负债表的钩稽关系。
4. 企业股利政策对所有者权益有哪些影响?

第七章　企业盈利能力分析

一、重点与难点

1. 企业盈利能力分析概述
2. 资本经营盈利能力分析
3. 资产经营盈利能力分析
4. 商品经营盈利能力分析
5. 上市公司盈利能力分析

二、关键概念与参考解释

1. 盈利能力

盈利能力，是指企业在一定时期内赚取利润的能力。

2. 资本经营

资本经营型，其特点是围绕资本保值增值进行经营管理，把资本收益作为管理的核心，资产经营、商品经营和产品经营都是服从于资本经营目标。

3. 资产经营

资产经营型，其基本特点是把资产作为企业资源投入，并围绕资产的配置、重组、使用等进行管理。在资产经营情况下，产品经营或商品经营要以资产经营为基础，即围绕资产经营进行商品经营和产品经营。

4. 商品经营

商品经营型，其基本特点是围绕商品生产进行经营管理，包括供应、生产和销售各环节的管理及相应的筹资与投资管理。

5. 净资产收益率

净资产收益率是反映资本经营盈利能力的基本指标，即企业本期净利润与净资产的比率。

6. 总资产报酬率

总资产报酬率是反映资产经营盈利能力的指标，即息税前利润与平均总资产之间的比率。

7. 销售获现比率

销售获现比率是对商品经营盈利能力的补充，反映企业通过销售获取现金的能力。销售获现比率是销售商品、提供劳务收到的现金与营业收入之比。

8. 每股收益

每股收益是指每股发行在外的普通股所能分摊到的净收益额。

9. 基本每股收益

基本每股收益是指归属于普通股股东的当期净利润与发行在外的普通股加权平均数之比。

10. 稀释每股收益

稀释每股收益是指当企业存在稀释性潜在普通股时，应当分别调整归属于普通股股东的当期净利润和发行在外的普通股加权平均数，并据此计算稀释每股收益。

11. 股利发放率

股利发放率是普通股股利与每股收益的比值，反映普通股股东从每股的全部获利中分到多少。

12. 价格与收益比率

价格与收益比率亦称市盈率，反映普通股的市场价格与当期每股收益之间的关系，可用来判断企业股票与其他企业股票相比较潜在的价值。

13. 托宾 Q(Tobin Q)值

托宾 Q 值是指公司的市场价值与其重置成本之比。

14. 现金分配率

现金分配率是指现金股利与经营活动净现金流量之间的比率，反映经营活动取得的现金有多大比重用于现金股利的分配。

15. 每股经营现金流量

每股经营现金流量是指经营活动净现金流量与发行在外的普通股股数的比率，反映每股发行在外的普通股所平均占有的经营净现金流量。

三、练习题

(一) 单项选择题

1. 下列关于销售毛利率的计算公式中，正确的是(　　)。

A. 销售毛利率＝1－变动成本率　　B. 销售毛利率＝1－销售成本率
C. 销售毛利率＝1－成本费用率　　D. 销售毛利率＝1－销售利润率

2. 下列各项中，不影响毛利率变化的因素是(　　)。

A. 产品销售量　　B. 产品售价　　C. 生产成本　　D. 产品销售结构

3. 下列说法中，正确的是(　　)。

A. 对于股东来说，当全部资本利润率高于借款利息率时，负债比例越高越好
B. 对与股东来说，当全部资本利润率高于借款利息率时，负债比例越低越好
C. 对与股东来说，当全部资本利润率低于借款利息率时，负债比例越高越好
D. 对与股东来说，负债比例越高越好，与别的因素无关

4. M公司 2021 年利润总额为 4 500 万元，利息费用为 1 500 万元，该公司 2021 年的利息

偿付倍数是(　　)。

A. 2　　B. 3　　C. 4　　D. 5

5. 下列选项中,不影响企业毛利率变化的因素是(　　)。

A. 产品销售数量　　B. 产品售价　　C. 管理费用　　D. 产品销售结构

6. 总资产报酬率是指(　　)与平均总资产之间的比率。

A. 利润总额　　B. 息税前利润　　C. 净利润　　D. 息前利润

7. 下列反映盈利能力的核心指标是(　　)。

A. 总资产报酬率　　B. 股利发放率　　C. 总资产周转率　　D. 净资产收益率

8. (　　)指标越高,说明企业资产的运用效率越好,也意味着企业的资产盈利能力越强。

A. 总资产周转率　　B. 存货周转率　　C. 总资产报酬率　　D. 应收账款周转率

9. 股利发放率的计算公式是(　　)。

A. 每股股利/每股市价　　B. 每股股利/每股收益

C. 每股股利/每股账面价值　　D. 每股股利/每股金额

10. 在企业各收入利润率中,(　　)通常是其他利润率的基础。

A. 产品销售利润率　　B. 营业收入利润率

C. 总收入利润率　　D. 销售净利润率

11. 上市公司盈利能力分析与一般企业盈利能力分析的区别关键在于(　　)。

A. 利润水平　　B. 股东权益　　C. 股利发放　　D. 股票价格

12. 商品经营盈利能力分析是利用(　　)资料进行分析。

A. 资产负债表　　B. 现金流量表　　C. 利润表　　D. 利润分配表

13. 反映商品经营盈利能力的指标可分为两类,一类统称收入利润率,另一类统称(　　)。

A. 成本利润率　　B. 销售成本利润率

C. 营业成本费用利润率　　D. 全部成本费用利润率

14. (　　)是指股东权益总额减去优先股权益后的余额与发行在外的普通股平均股数的比值。

A. 每股收益　　B. 每股股利　　C. 每股金额　　D. 每股账面价值

15. 每股收益主要取决于每股账面价值和(　　)两个因素。

A. 净利润　　B. 普通股权益报酬率

C. 优先股股息　　D. 普通股股数

(二) 多项选择题

1. 下列各项中,属于反映资产收益率的指标有(　　)。

A. 总资产报酬率　　B. 每股收益　　C. 长期资本收益率　　D. 营业利润率

E. 净资产收益率

2. 利润质量恶化的主要表现有(　　)。

A. 无形资产异常增加　　B. 企业变更会计政策和会计估计

C. 应收账款异常　　D. 存货周转过缓

E. 应付账款及举债异常过大

3. 影响净资产收益率的因素主要有(　　)。

A. 总资产报酬率　　B. 负债利息率　　C. 企业资本结构　　D. 总资产周转率

E. 所得税率

4. 反映企业盈利能力的指标有(　　)。

A. 营业利润　B. 利息保障倍数　C. 净资产收益率　D. 成本利润率

E. 净利润

5. 影响总资产报酬率的因素有(　　)。

A. 资本结构　B. 销售利润率

C. 产品成本　D. 销售息税前利润率

E. 总资产的周转率

6. 反映商品经营能力的指标有(　　)。

A. 营业收入利润率　B. 总资产报酬率

C. 普通股权益报酬率　D. 净资产收益率

E. 营业成本利润率

7. 反映上市公司盈利能力的指标有(　　)。

A. 每股收益　B. 普通股权益报酬率

C. 股利发放率　D. 总资产报酬率

E. 价格与收益比率

8. 资产经营盈利能力受(　　)的影响。

A. 资本经营盈利能力　B. 商品经营盈利能力

C. 资产运营效率　D. 产品经营盈利能力

E. 资本运营效率

9. 反映收入利润率的指标主要有(　　)。

A. 营业收入毛利率　B. 营业收入利润率

C. 总收入利润率　D. 销售净利润率

E. 销售息税前利润率

10. 反映成本利润率的指标主要有(　　)。

A. 营业成本利润率　B. 营业成本费用利润率

C. 全部成本费用总利润率　D. 全部成本费用净利润率

E. 营业费用利润率

11. 营业成本费用总额包括(　　)。

A. 营业成本　B. 所得税费用　C. 管理费用　D. 财务费用

E. 销售费用

12. 影响全部成本费用总利润率的因素有(　　)。

A. 营业成本　B. 销售费用　C. 资产减值损失　D. 税率

E. 营业外支出

13. 普通股权益报酬率的变化受(　　)因素的影响。

A. 普通股股息　B. 净利润

C. 优先股股息　D. 普通股权益平均额

E. 普通股股数

14. (　　)是企业发放每股股利与股票市场价格之比。

A. 股利发放率　B. 股利报偿率

C. 价格与收益比率　D. 股利与市价比率

E. 市盈率

15. (　　　)是需要企业发放每股股利与股票市场价格之比。

A. 净资产现金回收率　　B. 盈利现金比率

C. 销售获现比率　　D. 现金分配率

E. 托宾 Q 值

(三) 计算分析题

1. 某公司 2020 年和 2021 年有关经营成果资料如表 7-1 所示。

表 7-1　某公司 2020 年和 2021 年有关经营成果资料　　单位:万元

项　目	2020 年	2021 年
一、营业收入	134 568	368 321
减:营业成本	67 986	156 989
税金及附加	28 450	75 588
销售费用	2 040	3 002
管理费用	4 700	9 980
财务费用	4 654	8 620
其中:利息支出	6 894	10 112
资产减值损失	1 009	2 080
加:投资收益	2 257	5 365
二、营业利润	27 986	117 427
加:营业外收入	22 032	37 987
减:营业外支出	4 522	6 211
三、利润总额	45 496	149 203
减:所得税费用	11 374	37 987
四、净利润	34 122	111 903

要求:(1) 根据上述资料,计算 2020 年和 2021 年的收入利润率指标及其变动情况;

(2) 根据上述资料,计算 2020 年和 2021 年的成本利润率指标及其变动情况。

2. 某企业有关指标如表 7-2 所示。

表 7-2　某企业有关指标

项　目	2020 年	2021 年
总资产报酬率/%	3.57	6.42
负债利息率/%	3.29	2.23
负债/净资产	3.810 8	3.568 0
所得税税率/%	−3.08	30.06
净资产收益率/%	4.78	14.95

要求:对该企业的资本经营盈利能力进行分析,并作出评价。

3. 某公司2020年和2021年有关资料如表7-3所示。

表7-3　某公司2020年和2021年有关资料　　金额单位:元

项　　目	2020年	2021年
净利润	200 000	250 000
优先股股息	25 000	25 000
普通股股利	150 000	200 000
普通股股利实发数	120 000	180 000
普通股权益平均额	1 600 000	1 800 000
发行在外的普通股平均数	800 000	1 000 000
每股市价	4	4.5

要求:(1) 根据所给资料计算该公司2021年度每股收益、普通股权益报酬率、股利发放率和价格与收益比率等指标;

(2) 用差额分析法对普通股权益报酬率进行分析。

4. A上市公司2021年年初在外发行普通股总数为2亿股,2021年11月1日增发新股3 000万股;B上市公司2021年年初在外发行普通股总数为2亿股,2021年7月1日按照10∶2的比例派发股票股利。两家上市公司2021年的净利润均为2亿元,A公司派发现金股利2 000万元,B公司派发现金股利1 000万元。

要求:(1) 计算两家上市公司的基本每股收益;

(2) 计算两家上市公司的每股股利;

(3) 计算两家上市公司的股利支付率,并简要分析计算结果(计算结果保留三位小数)。

5. 某行业中A、B两家公司为上市公司,2021年有关资料如下:

(1) 2021年1月1日,A公司发行在外普通股数量为82 000万股,所得税税率为15%;

(2) 2021年1月1日,A公司在2019年1月1日发行的2.2亿元可转换债券可以以每股11元的价格转换成公司普通股,至2021年年末为止,可转换债券持有人未将债券转换成普通股,当年支付可转换债券利息440万元;

(3) 2021年,A公司归属于普通股的净利润为36 000万元;

(4) B公司在2021年的基本每股收益和稀释每股收益分别为0.61元和0.50元。

要求:(1) 计算A公司2021年度的基本每股收益和稀释每股收益;

(2) 对A、B公司的每股收益进行比较分析,并指出进行比较分析时需要注意的地方。

6. 表7-4是A公司近两年的利润表数据。

表7-4　A公司近两年的利润表数据

项　　目	2021年报	2021年 第四季度	2021年 第三季度	2021年 第二季度	2021年 第一季度	2020年报
一、营业收入	23 156.00	3 984.00	7 123.00	6 805.00	5 244.00	19 897.00
减:营业成本	13 413.00	2 503.00	4 073.00	3 887.00	2 950.00	11 234.00
税金及附加	2 022.00	327.00	640.00	639.00	416.00	1 663.00
销售费用	4 412.00	805.00	1 233.00	1 254.00	1 120.00	3 800.00

续 表

项　　目	2021 年报	2021 年第四季度	2021 年第三季度	2021 年第二季度	2021 年第一季度	2020 年报
管理费用	1 184.00	390.00	300.00	260.00	234.00	1 079.00
财务费用	−36.00	−15.00	−22.00	0.00	1.00	5.00
资产减值损失	16.00	15.00	0.00	1.00	0.00	72.00
加:投资收益	6.00	1.00	3.00	−1.00	3.00	9.00
二、营业利润	2 153.00	−40.00	902.00	765.00	526.00	2 053.00
加:营业外收入	468.00	270.00	75.00	72.00	51.00	245.00
减:营业外支出	155.00	126.00	15.00	8.00	6.00	57.00
三、利润总额	2 463.00	104.00	962.00	826.00	571.00	2 241.00
减:所得税费用	615.75	26.00	240.50	206.50	142.75	560.25
四、净利润	1 847.25	78.00	721.50	619.50	428.25	1 680.75

要求:(1) 根据上述资料计算 A 公司与销售有关的盈利能力指标;

(2) 判断与 2020 年相比,A 公司的盈利能力是否发生变化,并分析原因。

7. A 上市公司当年年初发行在外普通股总数为 15 000 万股,当年 7 月 1 日增发新股 2 000 万股,当年实现净利润 18 000 万元,经营活动现金净流量为 10 000 万元,派发现金股利 3 000 万元。

要求:计算 A 上市公司的基本每股收益、每股现金流量和每股股利。

8. 表 7-5 是 A 公司和 B 公司的部分财务资料如表 7-5 所示。

表 7-5　A 公司和 B 公司的部分财务资料　　单位:元

项　　目	A 公司	B 公司
销售收入	1 000 000	4000 000
总资产平均额	1 000 000	1000 000
净利润	200 000	200 000

要求:根据上述资料,计算和填写表 7-6,并简要分析 A 公司和 B 公司指标差异的主要原因。

表 7-6　A 公司和 B 公司相关财务指标

财务指标	A 公司(包括算式)	B 公司(包括算式)
总资产收益率		
销售净利率		
总资产周转率		

(四) 案例分析题

案例一:行业盈利能力分析

受全球新冠肺炎疫情和经济形势影响,某行业利润总额以每年减少 20%左右的速度在下降。在这种趋势下,该行业企业的发展模式会有改变,将进入一个发展战略调整的新时期,以国内大循环为主体、国际国内双循环相结合将成为重点,战略经营管理、战略协调在企业发展中占有越来越重要的位置。

本案例根据总资产、销售收入、净利润、净利润增长率对行业内上市公司进行综合排名,结合钢铁行业特点拟定 4 个指标的权重。总资产权重赋予 40%的权重;销售收入赋予 25%的权重;净利润赋予 25%的权重;净利润增长率赋予 10%的权重。在综合排名中,2022 年前三季度该行业上市公司中排名前三的依次是 BG 公司、AG 公司、HG 公司。

表 7-7　BG 公司收入利润率分析表

项　目	2021 年	差异	2020 年	差异	2019 年
营业收入利润率/(%)	0.082 4	0.033 5	0.048 9	0.007 4	0.041 5
营业收入毛利率/(%)	0.120 4	0.026 1	0.094 3	−0.027 7	0.122 0
总收入利润率/(%)	0.084 2	0.035 3	0.048 9	0.008 3	0.040 6
销售净利率/(%)	0.066 0	0.025 0	0.041 0	0.008 1	0.032 9
销售息税前利润率/(%)	0.085 3	0.035 3	0.050 0	0.007 4	0.042 6

表 7-8　BG 公司成本利润率分析表

项　目	2021 年	差异	2020 年	差异	2019 年
营业成本利润率/(%)	0.093 7	0.039 7	0.054 0	0.006 8	0.047 2
营业费用利润率/(%)	0.089 4	0.038 3	0.051 1	0.008	0.043 1
全部成本费用总利用率/(%)	0.091 5	0.040 3	0.051 2	0.009	0.042 2
全部成本费用净利润率/(%)	0.071 6	0.028 8	0.042 8	0.008 6	0.034 2

表 7-9　AG 公司收入利润率分析表

项　目	2021 年	差异	2020 年	差异	2019 年
营业收入利润率/(%)	0.024 4	0.013 1	0.011 3	−0.037 8	0.049 1
营业收入毛利率/(%)	0.105 0	0.013 7	0.091 3	−0.074 5	0.165 8
总收入利润率/(%)	0.025 4	0.013 4	0.012 0	−0.036 5	0.048 5
销售净利率/(%)	0.021 1	0.011 3	0.009 8	−0.028 0	0.037 8
销售息税前利润率/(%)	0.025 5	0.013 5	0.012 0	−0.036 6	0.048 6

表 7-10　AG 公司成本利润率分析表

项　目	2021 年	差异	2020 年	差异	2019 年
营业成本利润率/(%)	0.027 2	0.014 8	0.012 4	−0.046 5	0.058 9
营业费用利润率/(%)	0.024 8	0.013 4	0.011 4	−0.040 2	0.051 6
全部成本费用总利润率/(%)	0.026 0	0.013 9	0.012 1	−0.039 0	0.051 1
全部成本费用净利润率/(%)	0.021 5	0.011 6	0.009 9	−0.029 9	0.039 8

表 7-11　HG 公司收入利润率分析表

项　目	2021 年	差异	2020 年	差异	2019 年
营业收入利润率/(%)	0.014 0	0.000 6	0.013 4	−0.028 5	0.041 9
营业收入毛利率/(%)	0.068 4	0.006 5	0.061 9	−0.014 4	0.076 3
总收入利润率/(%)	0.014 1	0.001 4	0.012 7	−0.029 8	0.042 5
销售净利率/(%)	0.012 6	0.001 1	0.011 5	−0.024 2	0.035 7
销售息税前利润率/(%)	0.014 2	0.001 5	0.012 7	−0.029 9	0.042 6

表 7-12 HG 公司成本利润率分析表

项　目	2021	差异	2020	差异	2019
营业成本利润率/(%)	0.015 0	0.000 7	0.014 3	−0.031 1	0.045 4
营业费用利润率/(%)	0.014 1	0.000 5	0.013 6	−0.030 1	0.043 7
全部成本费用总利润率/(%)	0.014 3	0.001 4	0.012 9	−0.031 4	0.044 3
全部成本费用净利润率/(%)	0.012 8	0.001 2	0.011 6	−0.025 5	0.037 1

要求:请结合表 7-7 至表 7-12 对行业盈利能力现状进行分析。

案例二:贝因美股份有限公司的利润质量分析

为应对人口老龄化,国家于 2021 年 5 月 31 日全面开放三孩政策,婴童食品发展空间越来越大,但自 2008 年三聚氰胺事件发生以来,外资奶粉一直备受青睐,国内品牌仅有贝因美、飞鹤和伊利等与之抗衡,竞争十分激烈。作为曾经的国内婴幼儿奶粉市场的佼佼者,贝因美股份有限公司(以下简称贝因美),近几年跌宕起伏的利润变化值得引起关注。贝因美及其所在行业 2016—2020 年的利润质量相关数据如表 7-13 至表 7-16 所示。

表 7-13 贝因美利润来源结构　　单位:万元

项　目	2016 年	2017 年	2018 年	2019 年	2020 年
营业收入	276 449.71	266 045.16	249 082.48	278 547.61	266 513.44
营业成本	111 508.98	106 101.42	118 280.69	139 027.31	144 440.33
销售费用	171 747.75	150 482.87	99 498.73	110 314.97	108 926.06
经营利润	−55 278.73	−45 308.52	−13 274.61	−8 815.02	−19 092.67
投资收益	−2 229.12	−8 282.38	7091.22	87.43	6 162.24
营业外收入	7 123.25	3 114.63	303.81	121.62	297.45
利润总额	−62 365.43	−103 241.55	7 249.63	−9 887.30	−31 078.16

表 7-14 贝因美及其同行业公司 2016—2020 年营业收入增长率和净资产收益率

指　标	公　司	2016 年	2017 年	2018 年	2019 年	2020 年
营业收入增长率	贝因美	−39.02%	−3.76%	−6.38%	11.83%	−4.32%
	伊利股份	0.41%	12.29%	16.89%	13.41%	7.38%
	三元股份	5.98%	4.56%	21.80%	−9.32%	9.78%
净资产收益率	贝因美	−27.08%	−56.77%	2.26%	−6.11%	−22.32%
	伊利股份	24.53%	23.90%	23.07%	26.53%	23.30%
	三元股份	2.23%	1.58%	3.63%	2.68%	0.44%

表 7-15 贝因美及其同行业公司 2016—2020 年现金收入比率和利润现金保障倍数

指　标	公　司	2016 年	2017 年	2018 年	2019 年	2020 年
现金收入比率	贝因美	1.18	1.06	1.11	1.08	1.10
	伊利股份	1.13	1.13	1.13	1.13	1.11
	三元股份	1.08	1.07	1.08	1.02	1.09

续 表

指　　标	公司	2016 年	2017 年	2018 年	2019 年	2020 年
利润现金保障倍数	贝因美	0.55	0.14	5.76	0.52	−0.10
	伊利股份	2.26	1.17	1.34	1.22	1.39
	三元股份	−2.80	0.31	4.68	2.30	37.03

表 7-16　贝因美及其同行业公司 2016—2020 年经营利润贡献率、经营资产占有率

指　　标	公司	2016 年	2017 年	2018 年	2019 年	2020 年
经营利润贡献率	贝因美	0.89	0.44	−1.83	0.89	0.61
	伊利股份	0.73	0.81	0.88	0.94	0.93
	三元股份	−0.31	−1.97	0.11	−0.21	0.44
经营资产占有率	贝因美	0.91	0.88	0.87	0.96	0.97
	伊利股份	0.94	0.95	0.94	0.96	0.96
	三元股份	0.92	0.89	0.92	0.92	0.92

资料来源:李志学,齐梓钧.贝因美股份有限公司利润质量分析[J].国际商务财会,2022(5).

要求:根据资料,将贝因美与其同行业的伊利股份、三元股份比较,分析贝因美的利润质量。

(五) 思考题

1. 对企业经理人员来说,进行企业盈利能力分析的目的具体表现在哪几个方面?
2. 盈利能力分析的基础是什么?
3. 资本经营、资产经营与商品经营之间的联系是什么?
4. 盈利能力分析的内容是什么?
5. 影响资本经营盈利能力的因素有哪些?
6. 资产经营盈利能力的概念与指标是什么?影响资产经营盈利能力的因素有哪些?
7. 商品经营盈利能力的概念及指标有哪些?

第八章　企业营运能力分析

一、重点与难点

1. 企业营运能力分析
2. 总资产营运能力分析
3. 流动资产周转速度分析
4. 固定资产利用效果分析

二、关键概念与参考解释

1. 营运能力

企业营运能力主要指企业营运资产的效率与效益。营运资产的效率通常指资产的周转速度。营运资产的效益则指营运资产的利用效果,即通过资产的投入与其产出相比较体现。

2. 总资产产值率

总资产产值率反映了企业总资产与总产值之间的对比关系。

3. 总资产收入率

总资产收入率反映了企业总资产与总收入之间的对比关系。

4. 总资产周转率

总资产周转率是从资产流动性方面反映总资产的利用效率。总资产周转率是指企业一定时期内总周转额(营业收入)与平均总资产的比率。

5. 存货周转率

存货周转率是企业一定时期主营业务收入与平均存货余额的比率。

6. 应收账款周转率

应收账款周转率是指企业一定时期赊销收入净额与应收账款平均余额的比率,用以反映应收账款的收款速度,一般以周转次数来表示。

7. 固定资产产值率

固定资产产值率又称固定资产利用率,是指企业在一定时期内产值与固定资产平均总值的比率,是反映企业固定资产利用效果的综合性指标。

8. 固定资产收入率

固定资产收入率是指一定时期内实现的营业收入与固定资产平均总值的比率。

三、练习题

(一) 单项选择题

1. 某企业当年主营业务收入净额为36 000万元，流动资产平均余额为4 000万元，固定资产平均余额为8 000万元。假定没有其他资产，则该企业当年的总资产周转率为(　　)次。

A. 3.0　　B. 3.4　　C. 2.9　　D. 3.2

2. 下列指标中，受到信用政策影响的是(　　)。

A. 固定资产周转率　　B. 长期资本周转率

C. 存货周转率　　D. 应收账款周转率

3. 从严格意义上说，计算应收账款周转率时应使用的收入指标是(　　)。

A. 主营业务收入　　B. 赊销净额　　C. 销售收入　　D. 营业利润

4. 从资产流动性方面反映总资产效率的指标是(　　)。

A. 总资产产值率　　B. 总资产收入率

C. 总资产周转率　　D. 产品销售率

5. 影响总资产收入率的因素除总资产产值率外，还有(　　)。

A. 总资产报酬率　　B. 总资产周转率

C. 固定资产产值率　　D. 产品销售率

6. 流动资产占总资产的比重是影响(　　)指标变动的重要因素。

A. 总资产周转率　　B. 总资产产值率

C. 总资产收入率　　D. 总资产报酬率

7. 反映资产占用与收入之间关系的指标是(　　)。

A. 流动资产产值率　　B. 流动资产周转率

C. 固定资产产值率　　D. 总资产产值率

8. 影响流动资产周转率的因素是(　　)。

A. 产出率　　B. 销售率

C. 成本收入率　　D. 收入成本率

9. 当流动资产占用量不变时，流动资产周转加快会形成流动资金的(　　)。

A. 绝对浪费额　　B. 相对浪费额

C. 绝对节约额　　D. 相对节约额

10. 当流动资产占用量不变时，营业收入减少会形成流动资金的(　　)。

A. 绝对浪费额　　B. 相对浪费额　　C. 绝对节约额　　D. 相对节约额

11. 提供固定资产产值率的关键在于(　　)。

A. 提高销售率　　B. 增加生产设备

C. 增加生产用固定资产　　D. 提高生产设备产值率

(二) 多选选择题

1. 下列各项中，影响资产周转率的因素有(　　)。

A. 企业所处行业及其经营背景　　B. 企业经营周期的长短

C. 企业的资产构成及其质量　　D. 资产的管理力度

E. 企业采用的财务政策

2. 反映企业营运能力的指标有（　　）。

A. 总资产收入率　　B. 固定资产收入率

C. 流动资产周转率　　D. 存货周转率

E. 应收账款周转率

3. 反映资产占用与总产值之间关系的指标有（　　）。

A. 固定资产产值率　　B. 固定资产收入率

C. 流动资产产值率　　D. 总资产收入率

E. 总资产产值率

4. 影响存货周转率的因素有（　　）。

A. 材料周转率　　B. 在产品周转率

C. 总产值生产费用　　D. 产品生产成本

E. 产成品周转率

5. 应收账款周转率越高越好，因为它表明（　　）。

A. 收款迅速　　B. 坏账损失减少

C. 资产流动性高　　D. 营业收入增加

E. 利润增加

6. 存货周转率偏低的原因可能是（　　）。

A. 应收账款增加　　B. 销售降低

C. 产品滞销　　D. 销售政策发生变化

E. 大量赊销

7. 下列各项中，属于流动资金相对节约额的情况有（　　）。

A. 流动资产存量不变，营业收入增加

B. 流动资产存量不变，流转资产周转加速

C. 营业收入增长速度超过流动资产增长速度

D. 营业收入不变，流动资产存量减少

E. 流动资产减少速度大于营业收入减少速度

8. 影响固定资产产值率的因素有（　　）。

A. 生产设备产值率

B. 增加生产用固定资产的数量

C. 生产设备占生产用固定资产的比重

D. 增加生产设备的数量

E. 生产用固定资产占全部固定资产的比重

9. 反映流动资产周转速度的指标有（　　）。

A. 流动资产周转率　　B. 流动资产垫支周转率

C. 存货周转率　　D. 存货构成率

E. 应付账款周转率

（三）计算分析题

1. 某公司的有关资料如表 8-1 所示。

表 8-1　某公司的有关资料　　单位:万元

项　　目	去年	今年
产品销售收入	29 312	31 420
总资产	36 592	36 876
流动资产合计	13 250	13 846

要求:(1) 计算去年及今年的总资产周转率指标;

(2) 计算去年及今年的流动资产周转率指标;

(3) 计算去年及今年的流动资产结构比率;

(4) 分析总资产周转率变化的原因。

2. 某公司相关财务资料如表 8-2 所示。

表 8-2　某公司相关财务资料　　单位:元

项　　目	期初	期末
货币资金	20 000	23 000
应收账款净额	172 600	225 345
存货	167 890	129 800
固定资产净值	604 000	612 300
无形资产	20 900	25 600
销货成本	778 900	867 800
销售收入	876 945	987 000
现销收入	56 700	47 900
销售退回、折让与折扣	3 800	2 900
利润总额	34 500	37 965

假设公司其他资产忽略不计,一年按 360 天计算。

要求:(1) 计算并填写表 8-3;

表 8-3　相关财务指标计算表　　单位:%

项　　目	公司	行业标准
总资产周转率		1.40
流动资产周转率		3.20
固定资产周转率		1.20
应收账款周转率		4.70
存货周转率		6.70
总资产利润率		8.00
流动资产利润率		10.20
固定资产利润率		9.00

(2) 根据表 8-3 进行该公司的资产管理效果分析。

3. E 公司的相关数据如表 8-4 所示。

表 8-4　E 公司的相关数据

项　　目	2021 年	2020 年	2019 年
流动比率	2.1	1.9	1.6
速动比率	0.8	0.9	1.0
存货周转天数	55	45	30
应收账款周转天数	24	28	30

要求：根据表 8-4 的财务指标分析该公司可能存在的问题。

4. 甲公司 2020 年和 2021 年有关财务数据如表 8-5 所示。

表 8-5　甲公司的有关财务数据

项　　目	2020 年	2021 年
主营业务收入/万元	4 500	6 000
赊销比率/(%)	90	85
应收账款平均余额/万元	1 000	1 500
主营业务成本/万元	3 600	4 500

假定一年按 360 天计算，要求：

(1) 计算甲公司 2020 年和 2021 年销售毛利率；

(2) 计算甲公司 2020 年和 2021 年应收账款周转率和周转天数；

(3) 简要分析计算得出的结果。

5. 某公司当年度实现主营业务收入 3 500 万元，主营业务成本 3 300 万元，净利润 400 万元。该公司流动资产的期初、期末数分别为 2 350 万元和 2 430 万元，固定资产的期初、期末数分别为 1 980 万元和 2 310 万元。且该公司不存在其他资产。

要求：(1) 根据上述资料计算该公司表 8-6 中的指标；

表 8-6　相关财务指标计算表

财务比率	本公司	行业平均水平
流动资产周转率		3 次
固定资产周转率		2 次
总资产周转率		1.5 次
销售毛利率		20%
销售净利率		10%
总资产收益率		15%

(2) 与行业平均水平比较，分析该公司流动资产周转率情况，并说明如何分析该指标；

(3) 与行业平均水平比较，分析该公司固定资产周转是否存在问题，并提出对策；

(4) 比较分析销售毛利率和销售净利率，说明该公司盈利能力可能存在的问题，并提出改进建议；

(5) 以行业平均值为基准指标，采用因素分析法确定总资产周转率和销售净利率对总资产收益率的影响程度。

6. 某公司当年销售净利率为4%,销售毛利率为20%,所得税费用为11万元,主营业务成本为473万元,营业费用为5万元,管理费用为35万元,其余费用均为财务费用(假设为利息费用)。应收账款年初和年末余额分别为95万元和125万元;速动资产年额为144万元;速动比率为1.2;流动比率为2.3。

要求:(1) 计算本期利息保障倍数;

(2) 计算本期应收账款周转率;

(3) 计算本期营运资金期末数。(计算结果保留两位小数)

(四) 案例分析题

案例一:TRT公司营运能力分析

TRT公司,创立于1997年6月,是从事中药生产、科研、销售的专业公司。TRT公司属于中药材及中成药加工企业,存货是该类企业的重要资产项目,同时,产品存在流通与销售,企业会利用一定的商业信用,因而,应收款项、应付款项在该类企业中也是普遍存在的。TRT公司2017—2021年营运能力指标如表8-7所示。

表8-7　TRT公司营运能力指标及趋势　　单位:%

项　目	2017年	2018年	2019年	2020年	2021年
应收账款周转率	9.02	11.30	16.47	24.02	31.57
存货周转率	1.01	0.94	1.02	1.05	0.80
流动资产周转率	0.78	0.73	0.75	0.81	0.61
总资产周转率	0.52	0.51	0.55	0.58	0.46

要求:请结合TRT公司的相关资料(见表8-8、表8-9、表8-10、表8-11)分析其营运能力。

表8-8　TRT公司主要资产结构　　单位:%

项　目	2017年	2018年	2019年	2020年	2021年
货币资金	43.74	51.94	54.31	39.93	57.6
应收账款	7.52	5.56	3.6	3.12	1.2
应收票据	1.75	1.11	2.82	4.36	4.28
预付款项	0.40	0.35	0.43	3.37	0.01
存　货	46.46	40.95	38.79	48.83	36.32
流动资产比重	68.76	71.73	74.27	70.69	76.83
短期借款	39.91	31.94	30.82	16.28	13.29
应付账款	43.97	39.63	35.61	28.98	20.38
流动负债比重	14.91	17.20	16.92	19.52	16.66

表8-9　TRT公司营业收入与资产变化情况　　单位:%

项　目	2017年	2018年	2019年	2020年	2021年
营业收入增长率	10.22	6.24	13.14	15.2	−0.03
流动资产增长率	14.18	12.97	9.13	4.72	56.07
总资产增长率	7.66	8.30	5.39	10.03	43.59

表 8-10　TRT 公司近五年现金净流量的环比值

项　　目	2017 年	2018 年	2019 年	2020 年	2021 年
现金净流量环比值	4.563	1.01	0.553		

表 8-11　TRT 公司现金净流量结构　　单位：%

项　　目	2017 年	2018 年	2019 年	2020 年	2021 年
经营活动现金净流量比重	101.29	126.31	139.35		21.19
投资活动现金净流量比重	18.69	14.88	45.02		−3.80
筹资活动现金净流量比重	−19.98	−41.19	−84.37		82.61

案例来源：本案例根据叶华、梁瑾：《结构分析法在企业营运能力分析中的运用——以北京同仁堂为例》（《会计之友》2015 年 1 月）整理得来。

案例二：比亚迪的营运能力分析

汽车产业作为国家的重要产业之一，对国民经济起到了很大的促进作用。比亚迪股份有限公司（以下简称比亚迪）于 1995 年成立，其业务集中在制造业，如手机零配件加工组装检修、汽车组装、光伏制造、电池组装制造。随着近年来新能源汽车销量的不断增长，中国汽车行业也会经历一个大的变化，作为新能源汽车领导者的比亚迪必然也会迎来一个新的增长点。比亚迪的营运能力指标如表 8-12 所示。

表 8-12　比亚迪的营运能力指标

项　　目	2017 年	2018 年	2019 年	2020 年
应收账款周转率/次	2.26	2.57	2.74	3.68
存货周转率/次	4.61	4.71	4.12	4.43
流动资产周转率/次	1.17	1.19	1.15	1.43
固定资产周转率/次	2.62	2.99	2.74	3.01
总资产周转率/次	0.66	0.70	0.65	0.79

要求：结合资料和汽车产业背景，分析比亚迪的营运能力。

（五）思考题

1. 企业营运能力分析的目的是什么？
2. 企业营运能力分析的内容有哪些？
3. 如何对总资产营运能力进行综合对比分析？
4. 资产周转速度指标有哪些？
5. 存货周转率低，企业可能出现哪些问题？
6. 固定资产产值率的经济含义是什么？受哪些因素影响？

第九章　企业偿债能力分析

一、重点与难点

1. 偿债能力的概念
2. 偿债能力分析的目的、内容和评价指标
3. 企业短期偿债能力分析
4. 企业长期偿债能力分析

二、关键概念与参考解释

1. 偿债能力

偿债能力是指企业偿还到期债务(包含本金及利息)的能力。能否及时偿还到期债务,是反映企业财务状况好坏的重要标志。

2. 短期偿债能力

短期偿债能力是指企业偿还流动负债的能力。通过对反映短期偿债能力的主要指标和辅助指标的分析,了解企业短期偿债能力的高低和短期偿债能力的变化情况,揭示企业的财务状况和风险程度。

3. 长期偿债能力

长期偿债能力是指企业偿还非流动负债的能力。通过对反映企业长期偿债能力指标的分析,了解企业长期偿债能力的高低及其变化情况,揭示企业整体财务状况和债务负担及偿债能力的保障程度。

4. 营运资本

营运资本是流动资产与流动负债之差。

5. 流动比率

流动比率是流动资产与流动负债的比率。

6. 速动比率

速动比率是速动资产与流动负债的比率。

7. 现金比率

现金比率是企业现金类资产与流动负债的比率。

8. 现金流动负债比率

现金流动负债比率是指经营活动现金流量净额与平均流动负债的比率，用来衡量企业的流动负债用经营活动所产生的现金来支付的程度。

9. 近期支付能力系数

近期支付能力系数是反映企业有无足够的支付能力来偿还到期债务的指标。

10. 速动资产够用天数

速动资产够用天数表示企业速动资产维持企业正常生产经营开支水平的程度。其计算公式为：

$$速动资产够用天数=\frac{速动资产}{预计每天营业所需的现金支出}$$

11. 现金到期债务比率

现金到期债务比率是指经营活动现金流量净额与本期到期的债务的比率，用来衡量企业本期到期的债务用经营活动所产生的现金支付的程度。

12. 资产负债率

资产负债率是综合反映企业偿债能力的重要指标，它通过负债与资产的对比，反映在企业资产中，有多少是通过举债获得的。其计算公式为：

$$资产负债率=\frac{负债总额}{总资产}\times 100\%$$

13. 股东权益比率

股东权益比率是指所有者权益同资产总额的比率，反映企业全部资产中有多少是投资人投资所形成的。其计算公式为：

$$股东权益比率=\frac{股东权益总额}{资产总额}\times 100\%=1-资产负债率$$

14. 产权比率(净资产负债率)

产权比率是负债总额与所有者权益总额的比率，这一比率是衡量企业长期偿债能力的指标之一。它是企业财务结构稳健与否的重要标志。

15. 权益乘数

权益乘数反映公司通过债务筹资的比率，可用于确定债权人在企业破产时的被保护程度，其计算公式为：

$$权益乘数=\frac{资产总额}{股东权益}$$

16. 固定长期适合率

固定长期适合率是指固定资产净值与股东权益和非流动负债的比率。其计算公式为：

$$固定长期适合率=\frac{固定资产净值}{股东权益+非流动负债}\times 100\%$$

17. 资产非流动负债率

资产非流动负债率是非流动负债总额与总资产的比率，反映企业全部资产中有多少是由非流动负债形成的。

18. 销售利息比率

销售利息比率是指一定时期的利息费用与营业收入的比率。其计算公式为：

$$销售利息比率=\frac{利息费用}{营业收入}\times 100\%$$

19. 利息保障倍数

利息保障倍数是企业的息税前利润与利息费用的比率，也称已获利息倍数。其计算公式为：

$$利息保障倍数=\frac{息税前利润}{利息费用}$$

20. 债务本息保障倍数

债务本息保障倍数是指企业一定时期息税前利润与还本付息金额的比率，反映现金流入对财务需要(现金流出)的保证程度，通常用倍数来表示。

21. 现金流量利息保障倍数

现金流量利息保障倍数是指经营活动现金净流量与利息费用的比率。其计算公式为：

$$现金流量利息保障倍数=\frac{经营活动现金净流量}{利息费用}$$

22. 现金流量债务比率

现金流量债务比率是指经营活动产生的现金净流量与平均负债的比率。其计算公式为：

$$现金流量债务比率=\frac{经营活动现金净流量}{负债平均余额}\times 100\%$$

23. 到期债务本息偿付比率

到期债务本息偿付比率是用来衡量企业到期的债务本金及利息可由经营活动创造的现金来支付的程度。其计算公式为：

$$到期债务本息偿付比率=\frac{经营活动现金净流量}{本期到期的债务本息}\times 100\%$$

三、练习题

(一) 单项选择题

1. 收回应收账款对流动比率和营运资本的影响，下列正确的是(　　)。

A. 对流动比率无影响，对营运资本无影响　　B. 流动比率增加，营运资本增加

C. 流动比率增加，对营运资本无影响　　D. 对流动比率无影响，营运资本增加

2. 如果流动比率大于 1，则下列结论成立的是(　　)。

A. 速动比率大于 1　　B. 现金比率大于 1

C. 营运资金大于 0　　D. 短期偿债能力绝对有保障

3. 在企业速动比率是 0.8 的情况下，会引起该比率提高的经济业务是(　　)。

A. 银行提取现金　　B. 赊购商品

C. 收回应收账款　　D. 开出短期票据借款

4. 某企业年初流动比率为2.2,速动比率为1;年末流动比率为2.4,速动比率为0.9。发生这种情况的原因可能是(　　)。

A. 当存货增加　　B. 应收账款增加

C. 应付账款增加　　D. 预收账款增加

5. 如果流动资产大于流动负债,则月末用现金偿还一笔应付账款会使(　　)。

A. 营运资金减少　　B. 营运资金增加

C. 流动比率提高　　D. 流动比率降低

6. 影响企业短期偿债能力的最根本的原因是(　　)。

A. 企业的经营业绩　　B. 企业的融资能力

C. 企业的权益结构　　D. 企业的资产结构

7. 可以利用资产负债表计算的比率是(　　)。

A. 应收账款周转率　　B. 总资产报酬率

C. 利息保障倍数　　D. 现金比率

8. 下列项目中,不属于速动资产的项目是(　　)。

A. 应收账款　　B. 预付账款

C. 其他货币资金　　D. 交易性金融资产

9. 与资产负债率指标之和等于1的指标是(　　)。

A. 业主权益乘数　　B. 股东权益比率

C. 产权比率　　D. 资产长期负债率

10. 下列项目中,属于从动态方面反映企业短期偿债能力的指标是(　　)。

A. 流动比率　　B. 现金比率

C. 速动比率　　D. 现金流量比率

11. 下列事项中,有助于提高企业短期偿债能力的是(　　)。

A. 利用短期借款增加对流动资产的投资

B. 为扩大营业面积,与租赁公司签订一项新的长期房屋租赁合同

C. 补充长期资本,使长期资本的增加量超过长期资产的增加量

D. 提高流动负债中的无息负债比率

12. 如果一家公司的流动比率很高,而速动比率很低,其原因是(　　)。

A. 企业有大量的应收账款　　B. 企业有大量的存货

C. 企业有大量的流动负债　　D. 现金比率极高

13. 如果企业速动比率很小,下列结论成立的是(　　)。

A. 企业流动资金占用过多　　B. 企业短期偿债能力很强

C. 企业短期偿债风险很大　　D. 企业资产流动性很强

14. 某公司2021年年末资产总额为9 800 000元,负债总额为5 256 000元,据以计算的2021年的产权比率为(　　)。

A. 1.16　　B. 0.54

C. 0.46　　D. 0.86

15. 下列各项指标中,能够反映企业长期偿债能力的是(　　)。

A. 现金比率　　B. 资产负债率

C. 流动比率　　D. 速动比率

(二) 多项选择题

1. 下列关于有形净值债务率的叙述中正确的有(　　)。

A. 有形净值债务率主要是用于衡量企业的风险程度和对债务的偿还能力

B. 有形净值债务率这个指标越大,表明风险越小

C. 有形净值债务率这个指标越大,表明风险越大

D. 有形净值债务率这个指标越小,表明债务偿还能力越强

E. 有形净值债务率这个指标越小,表明债务偿还能力越弱

2. 下列关于资产负债率的叙述中,正确的有(　　)。

A. 资产负债率是负债总额与资产总额的比值

B. 资产负债率是产权比率的倒数

C. 对债权人来说,资产负债率越低越好

D. 对经营者来说,资产负债率应控制在适度的水平

E. 对股东来说,资产负债率越高越好

3. 影响企业短期偿债能力的表外因素有(　　)。

A. 可动用的银行贷款指标　　B. 准备很快变现的长期资产

C. 偿债能力的声誉　　D. 未决诉讼形成的或有负债

E. 为其他单位提供债务担保形成的或有负债

4. 利用资产负债表分析长期偿债能力的指标主要有(　　)。

A. 资产负债率　　B. 利息偿付倍数

C. 产权比率　　D. 有形净值债务率

E. 权益乘数

5. 下列各项中,属于短期偿债能力衡量指标的有(　　)。

A. 流动比率　　B. 速动比率　　C. 现金比率　　D. 资产负债率

E. 营运资本

6. 下列各项中,属于速动资产的有(　　)。

A. 现金　　B. 应收账款　　C. 其他应收款　　D. 固定资产

E. 存货

7. 下列各项指标中,反映短期偿债能力的指标有(　　)。

A. 流动比率　　B. 速动比率

C. 资产负债率　　D. 净资产负债率

E. 赚取利息倍数

8. 企业采取备抵法核算坏账损失,如果实际发生一笔坏账,冲销应收账款,则会引起(　　)。

A. 流动比率提高　　B. 流动比率降低

C. 流动比率不变　　D. 速动比率不变

E. 营运资金不变

9. 计算速动资产时,把存货从流动资产中扣除的原因有(　　)。

A. 存货的变现速度慢　　B. 存货的周转速度慢

C. 存货的成本与市价不一致　　D. 有些存货可能已经报废

E. 有些存货可能已经被抵押

10. 某企业流动比率为2,以下业务会使该比率下降的有(　　)。

A. 收回应收账款　　B. 赊购商品与材料

C. 偿还应付账　　D. 从银行取得短期借款已入账

E. 赊销商品

11. 反映短期偿债能力的动态指标是(　　)。

A. 近期支付能力系数　　B. 流动比率

C. 现金比率　　D. 期末支付能力系数

E. 现金流量比率

12. 计算速动比率时,扣除存货项目是因为(　　)。

A. 存货的数量不易确定　　B. 存货的变现速度最慢

C. 存货受到市场价格的影响大　　D. 存货的质量难以保证

E. 存货的变现价值具有较大的确定性

13. 下列指标中,可用于衡量企业长期偿债能力的指标是(　　)。

A. 利息保障倍数　　B. 产权比率

C. 应付账款周转率　　D. 现金流量比率

E. 到期债务本息偿付比率

14. 下列各项中,属于影响业主权益乘数的因素有(　　)。

A. 资产总额　　B. 无形资产　　C. 待摊费用　　D. 股东权益

E. 负债总额

15. 下列各项指标中,可用于分析企业长期偿债能力的有(　　)。

A. 现金到期债务比率　　B. 强制性现金支付比率

C. 产权比率　　D. 销售利息比率

E. 净资产负债率

(三) 计算分析题

1. 某公司2021年相关报表数据如表9-1、表9-2所示。

表9-1　某公司2021年资产负债表部分数据　　单位:万元

项　目	金　额	项　目	金　额
货币资金	390.0	短期借款	390.0
短期投资	260.0	应付账款	260.0
应收票据	132.6 (年初218.4)	长期负债	1 267.5
应收账款	127.4 (年初106.6)	所有者权益	1 332.5 (年初1 007.5)
存货	650(年初598)		
固定资产净值	1 671.8 (年初278.2)		
无形资产	18.2		
资产合计	3 250.0	负债和所有者权益合计	3 250.0

表 9-2　某公司 2021 年利润表部分数据　　单位:万元

项　　目	金　　额
主营业务收入	3 900.0
主营业务成本	3 120.0
财务费用	13.0
税前利润	117.0
税后净利	70.2

其他有关资料如表 9-3 所示。

表 9-3　某公司 2021 年其他有关资料

比率名称	同行业平均水平	本公司水平
流动比率	2.0	
速动比率	1.0	
存货周转率	6 次	
应收账款周转天数	30 天	
销售净利率	9%	
权益净利率	10%	

要求:根据以上资料,计算该公司 2021 年的各项财务比率(直接将计算结果填在表 9-3 中,无须列出计算过程),并与同行业平均水平进行比较,对公司财务状况作简要评价。

2. A 公司 2021 年资产负债表部分数据和经营成果主要项目表如表 9-4、表 9-5 所示。

表 9-4　A 公司 2021 年资产负债表部分数据

2021 年 12 月 31 日　　单位:万元

项　　目	金　额	项　　目	金　额
货币资金	500 (年初 400)	应付账款	1 000
应收账款	2 000 (年初 2 200)	其他流动负债	750
存货	1 000 (年初 900)	流动负债合计	1 750
流动资产合计	3 500	长期负债	1 750
固定资产净额	5 000 (年初 5 000)	股本	5 000
资产总计	8 500 (年初 8 500)	负债和股东权益合计	8 500

表 9-5　A 公司 2021 年经营成果主要项目表

2021 年　　单位:万元

项　　目	金　　额
销售收入	12 000
销售成本	10 000
毛利	2 000
管理费用	1 160
利息费用	300
税前利润	540
所得税费用	162
净利润	378

该公司当期向外赊购净额为 10 000 万元,销售净利率、资产净利率与权益净利率的行业值分别为 3.5%、5%和 8.3%。

要求:(1) 根据资料,填列表 9-6(一年按 360 天计算);

(2) 评价企业的短期偿债能力和长期偿债能力,并指出存在的问题,说明问题产生的原因;

(3) 计算总资产周转天数,并构建总资产周转天数驱动因素公式,说明总资产周转天数变化的原因。

表 9-6　财务比率计算表

比率名称	A 公司	行业平均
流动比率		1.98
速动比率		1.33
资产负债率		40%
利息保障倍数		3.8
存货周转率		10 次
平均收现期		35 天
应付账款周转率		8 次
现金周期		26 天

3. C 公司 2020 年和 2021 年的有关财务数据如表 9-7 所示。

表 9-7　C 公司的有关财务数据　　单位:万元

项　　目	2020 年	2021 年
速动资产	40 000	35 000
存货	48 000	66 000
固定资产净额	140 000	148 000
无形资产	50 000	60 000
资产合计	278 000	309 000
流动负债	80 000	80 000
长期负债	60 000	68 000

续　表

项　　目	2020 年	2021 年
负债合计	140 000	154 000
实收资本	110 000	110 000
盈余公积	16 000	23 000
未分配利润	12 000	22 000
所有者权益合计	138 000	155 000

表 9-8　C 公司有关财务数据计算表　　金额单位:元

项　　目	差额	增长百分率
速动资产		
存货		
固定资产净额		
无形资产		
资产合计		
流动负债		
长期负债		
负债合计		
实收资本		
盈余公积		
未分配利润		
所有者权益合计		

要求:(1) 根据表 9-7 中的资料完成表 9-8;

(2) 计算 2020 年和 2021 年营运资本、流动比率、速动比率的变化,并分析原因;

(3) 计算 2020 年和 2021 年资产负债率、有形资产债务比率、有形净债务比率的变化,并简要分析原因。

4. 丙公司 2021 年度发生了以下会计事项:

(1) 收到税收优惠返还取得现金;

(2) 现金购买交易性金融资产;

(3) 偿还短期债务支付现金;

(4) 以低于市场价格购买商品支付现金;

(5) 存货发生减值损失。

要求:(1) 分析这些会计事项对丙公司经营活动现金净流量的影响;

(2) 分析这些会计事项对丙公司速动比率的影响。

(导致增加用“＋”表示,减少用“－”表示,没有影响用“0”表示,假设原来的速动比率为 1,将影响的结果填写于表 9-9 空格处)

表 9-9 相关会计事项对经营活动现金流量净额及流动比率的影响表 金额单位:元

会计事项	对经营活动现金流量净额的影响	对速动比率的影响
1. 收到税收优惠返还取得现金		
2. 现金购买交易性金融资产		
3. 偿还短期债务支付现金		
4. 以低于市场价格购买商品支付现金		
5. 存货发生减值损失		

5. A 公司部分财务数据和财务比率如表 9-10 所示。

表 9-10 A 公司部分财务数据和财务比率 金额单位:元

项 目	2018 年	2019 年	2020 年	2021 年前三季度
总资产	12.93	12.96	17.79	18.12
总负债	3.16	2.63	6.82	7.09
所有者权益	9.77	10.33	10.97	11.03
营业收入	8.82	8.41	8.34	5.64
净利润	0.79	1.02	0.94	0.35
经营性现金净流入	1.87	1.91	1.49	1.47
流动比率	9.76	8.66	3.85	13.24

相关资料:

(1) A 公司的资金主要用于设备购买和日常维护,截至 2020 年和 2021 年 9 月月末公司债务超过 95%为流动负债;

(2) 在 2018 年年末、2019 年年末、2020 年年末及 2021 年 9 月月末,该公司的短期借款余额分别为 0 亿元、1.58 亿元、2.00 亿元和 2.00 亿元,均为短期信用借款。2019 年公司采用银行承兑汇票的方式满足了购置设备的需求,应付票据余额达 1.50 亿元。2020 年公司将到期的银行承兑汇票转换为短期借款;

(3) 该公司没有记录的或有负债。

要求:(1) 根据上述资料,指出能够得到哪些与 A 公司偿债能力相关的分析指标;

(2) 指出偿债能力分析的内容包括哪几个方面;

(3) 分析 A 公司的债务情况和偿债能力;

(4) 根据相关资料(3),分析对 A 公司偿债能力的影响。

6. 某企业 2021 年 12 月 31 日的相关财务资料如表 9-11 所示。

表 9-11 某企业 2021 年 12 月 31 日的相关财务资料 单位:元

项 目	期 初	期 末
应收账款净额	185 500	158 900
存货	173 800	320 000
流动资产合计	454 900	523 600
固定资产净值	604 000	612 300
无形资产	20 900	125 600
资产合计	2 054 800	2 389 400
流动负债合计	248 900	297 800
负债合计	1 034 580	1 245 780

要求:(1) 计算并填写表 9-12;

表 9-12　相关财务指标计算表

项　目	期　初	期　末
流动比率		
速动比率		
产权比率		
有形资产负债比率		

(2) 根据表 9-12 对该企业的偿债能力进行分析。

7. 表 9-13 是甲公司比较资产负债表。

表 9-13　甲公司比较资产负债表

单位:万元

资　产	2021 年年末	2020 年年末	负债和所有者权益	2021 年年末	2020 年年末
流动资产:			流动负债:		
货币资金	4 228	2 605	短期借款	1 992	4 183
交易性金融资产	16 657	10 394	应付账款	2 373	1 844
应收账款	7 698	7 014	应付职工薪酬	3 007	2 195
存货	5 041	4 614	其他流动负债	2 120	1 912
其他流动资产	2 002	5 052	流动负债合计	9 492	10 134
流动资产合计	35 626	29 679	非流动负债:		
非流动资产:			长期借款	9 322	7 077
其他债权投资	2 190	1 227	长期应付款	3 518	3 564
长期股权投资	58	55	递延所得税负债	2 937	2 744
固定资产	15 097	12 408	其他非流动负债	2 353	1 644
无形资产	6 132	6 340	非流动负债合计	18 130	15 029
商誉	6 256	5 532	负债合计	27 622	25 163
递延所得税资产	1 724	1 144	所有者权益:		
其他非流动资产	2 282	2 061	所有者权益合计	41 743	33 283
非流动资产合计	33 739	28 767			
资产总计	69 365	58 446	负债和所有者权益合计	69 365	58 446

要求:(1) 根据表 9-13 列示能反映该公司偿债能力的财务比率,写出计算过程,并说明这两类财务比率的含义;

(2) 计算甲公司 2021 年的偿债能力比率指标,并指出与 2020 年相比,该公司哪些指标表明偿债能力得到提高(计算结果保留三位小数);

(3) 指出财务比率指标分析的不足。

(四) 案例分析题

案例一:BZM 公司的短期和长期偿债能力分析

已知 BZM 公司与两家同行业竞争对手 MD 公司和 HE 公司相关偿债能力指标,如表 9-14 和表 9-15 所示。

表 9-14　BZM 公司与两家同行业公司的短期偿债能力比较表

公司	流动比率			速动比率			现金比率		
	2019 年	2020 年	2021 年	2019 年	2020 年	2021 年	2019 年	2020 年	2021 年
BZM	1.16	1.27	1.26	1.05	1.14	1.12	0.14	0.18	0.16
MD	1.43	1.40	1.50	1.08	1.09	1.28	0.18	0.14	0.21
HE	1.15	1.18	1.05	0.87	0.90	0.76	0.45	0.45	0.37

表 9-15　BZM 公司与两家同行业公司的长期偿债能力比较表

公司	资产负债率/(%)			产权比率		
	2019 年	2020 年	2021 年	2019 年	2020 年	2021 年
BZM	68.91	63.10	60.40	2.22	1.71	1.53
MD	66.58	64.94	64.40	1.99	1.85	0.81
HE	69.13	66.93	65.33	2.24	2.02	1.88

要求：

(1) 请对 BZM 公司的短期偿债能力进行分析和评价；

(2) 请对 BZM 公司的长期偿债能力进行分析和评价。

案例二：DFRS 公司的短期偿债能力

DFRS 公司成立于 2013 年，2015 年在深圳创业板成功上市。DFRS 公司在全球新能源特别是太阳能行业中不仅是领头羊之一，更是太阳能项目的 EPC 承包者、投资者和开发者，其主要经营方向是太阳能电池发电技术有关的产品，包括太阳能组件、太阳能终端及太阳能电池板等，是集研发、生产、服务和销售于一体的生产性企业。DFRS 公司一直致力于为全球提供绿色新能酒，在全球范围内设立了上百家办事处和分公司。但近年来，随着国际经济环境的变化，DFRS 所面临的市场竞争日益激烈，导致公司在短期偿债能力方面的表现不理想。表 9-16 是 DFRS 公司 2017—2021 年的短期偿债能力指标。

表 9-16　DFRS 公司 2017—2021 年的短期偿债能力指标

项　　目	2017 年	2018 年	2019 年	2020 年	2021 年
流动比率	1.383 0	1.517 0	1.330 9	1.588 8	1.324 0
流动比率行业平均标准值	6.512 1	3.913 5	3.621 5	3.017 0	2.776 7
速动比率	1.133 2	1.232 5	1.022 4	1.386	1.172 6
速动比率行业平均标准值	5.720 2	3.353 5	3.078	2.521 5	2.626
现金比率/(%)	34.178 0	36.826 0	29.988 2	68.531 5	54.408 3
现金比率行业平均标准值/(%)	78.324 5	72.412 3	68.785 1	79.345 6	75.314 6

要求：请根据资料，对 DFRS 公司短期偿债能力进行分析和评价，并指出短期偿债能力的影响因素。

(五) 思考题

1. 偿债能力分析的目的是什么？
2. 偿债能力分析的内容是什么？
3. 短期偿债能力静态指标有哪些？
4. 影响长期偿债能力的因素有哪些？
5. 长期偿债能力指标有哪些？

第十章　企业增长能力分析

一、重点与难点

1. 企业增长能力的概念
2. 企业增长能力分析的目的
3. 企业增长能力评价指标
4. 企业单项增长能力分析
5. 企业整体增长能力分析

二、关键概念与参考解释

1. 增长能力

增长能力通常是指企业未来生产经营活动的发展趋势和发展潜能，也可以称之为发展能力。

2. 股东权益增长率

股东权益增长率即资本积累率，是本期股东权益增加额与股东权益期初余额之比。

3. 净利润增长率

净利润增长率是本期净利润增长额与上期净利润之比。其计算公式为：

$$净利润增长率=\frac{本期净利润增加额}{上期净利润}\times 100\%$$

4. 收入增长率

收入增长率就是本期营业收入增加额与上期营业收入之比。其计算公式为：

$$收入增长率=\frac{本期营业收入增加额}{上期营业收入}\times 100\%$$

5. 资产增长率

资产增长率就是本期资产增加额与资产期初余额之比。其计算公式为：

$$资产增长率=\frac{本期资产增加额}{资产期初余额}\times 100\%$$

三、练习题

（一）单项选择题

1. 可以反映股东权益账面价值增减变化的指标是（　　）。

A. 权益乘数　　B. 股东权益增长率

C. 产权比率　　D. 三年资本平均增长率

2. 下列项目中，不属于企业资产规模增加的原因的是（　　）。

A. 企业对外举债　　B. 企业实现盈利

C. 企业发放股利　　D. 企业发行股票

3. 如果企业某一种产品处于成长期，其收入增长率的特点是（　　）。

A. 比值比较大　　B. 与上期相比变动不大

C. 比值比较小　　D. 与上期相比变动非常小

4. 如果企业某一种产品处于成熟期，其收入增长率的特点是（　　）。

A. 比值比较大　　B. 与上期相比变动不大

C. 比值比较小　　D. 与上期相比变动非常小

5. 下列指标中，不可以用来表示利润增长能力的指标是（　　）。

A. 净利润增长率　　B. 营业利润增长率

C. 收入增长率　　D. 三年利润平均增长率

6. 下列指标中，属于增长率指标的是（　　）。

A. 产权比率　　B. 资本收益率

C. 不良资产比率　　D. 资本积累率

7. 如果说生存能力是企业实现盈利的前提，那么企业实现盈利的根本途径是（　　）。

A. 发展能力　　B. 营运能力　　C. 偿债能力　　D. 资本积累

8. 从根本上看，一个企业的股东权益增长应主要依赖于（　　）。

A. 净资产收益率　　B. 股东净投资率

C. 净损益占营业收入比率　　D. 资本积累率

9. 企业产品销售增长较快，即某种产品收入增长率较高，则企业所处的阶段是（　　）。

A. 投放期　　B. 成长期　　C. 成熟期　　D. 衰退期

10. 下列计算股东权益增长率的公式中，不正确的是（　　）。

A. 本期股东权益增加额÷股东权益期初余额

B. (净利润＋对股东的净支付)÷股东权益期初余额

C. [净利润＋(股东新投资－支付股东股利)]÷股东权益期初余额

D. (净利润－支付股东股利)÷股东权益期初余额

（二）多项选择题

1. 企业发展能力分析的目的在于（　　）。

A. 股东通过发展能力分析衡量企业创造价值的程度以作出正确的战略决策

B. 潜在的投资者通过发展能力分析评价企业的成长性以作出正确的投资决策

C. 债权人通过发展能力分析判断企业未来盈利能力以作出正确的信贷决策

D. 经营者通过发展能力分析发现影响企业未来发展的关键因素以作出正确的经营和财务决策

E. 政府通过发展能力分析评估企业社会贡献水平以制定正确的宏观经济政策

2. 企业单项发展能力包括(　　　)。

A. 资产发展能力　　B. 收益发展能力

C. 销售收入发展能力　　D. 负债发展能力

E. 股东权益发展能力

3. 股东权益增长率的大小直接取决于下列因素中的(　　　)。

A. 净资产收益率　　B. 总资产周转率

C. 总资产报酬率　　D. 股东净投资率

E. 净损益占股东权益比率

4. 可以用于反映企业发展能力的财务指标包括(　　　)。

A. 资产增长率　　B. 收入增长率

C. 资本积累率　　D. 净利润增长率

E. 营业利润增长率

5. 可以用来反映企业收益增长能力的财务指标有(　　　)。

A. 净利润增长率　　B. 收入增长率

C. 总资产报酬率　　D. 资本积累率

E. 营业利润增长率

6. 一个发展能力强的企业,表现为(　　　)。

A. 资产规模不断增加　　B. 营运效率不断提高

C. 股东财富持续增长　　D. 财务风险不断加大

E. 净利润不断增加

7. 下列说法中,正确的有(　　　)。

A. 股东权益增长率越高,表明企业本期股东权益增加得越多

B. 三年资本平均增长率可以均衡计算企业的三年平均资本增长水平

C. 一个持续增长型企业,其股东权益应该是不断增长的

D. 股东权益时增时减,说明企业并不具备良好的发展能力

E. 一个企业的股东权益增长应主要依赖于企业运用股东投入资本所创造的利润

8. 下列说法中,正确的有(　　　)。

A. 如果一个企业营业收入增长,但利润并未增长,那么从长远看,它并没有增加股东权益

B. 一个企业如果净利润增长但营业收入并未增长,这样的增长对于企业而言是无法持续保持的

C. 净利润增长率可以比营业利润增长率更好地考察企业利润的成长性

D. 如果企业的净利润主要来源于营业利润,则表明企业具有良好的发展能力

E. 应将企业连续多期的净利润增长率和营业利润增长率指标进行对比分析

9. 对收入增长率指标,下列表述正确的有(　　　)。

A. 它是评价企业成长状况和发展能力的重要指标

B. 它是衡量企业经营状况和市场占有能力、预测企业业务拓展趋势的标志

C. 它是企业扩张资本的重要前提

D. 该指标小于零,说明收入有增长,指标越低,增长越快

E. 该指标大于零,说明收入有增长,指标越高,增长越快

10. 对资本积累率指标,下列表述正确的有(　　)。

A. 它反映所有者投入资本的保全性和增长性

B. 它是企业当年所有者权益总的增长率,反映权益当年变动水平

C. 该指标为负值表明资本未受侵蚀

D. 它体现企业资本积累能力,是评价企业发展潜力的重要指标

E. 该指标越高表明企业资本积累多,资本保全性强,应付风险能力强

(三) 计算分析题

1. 某公司 2018—2021 年有关的会计资料如表 10-1 所示。

表 10-1　某公司 2018—2021 年有关的会计资料　　单位:万元

项　　目	2018 年	2019 年	2020 年	2021 年
资产总额	1 711	2 061	2 759	3 879
所有者权益	996	1 235	1 679	2 394
主营业务收入	5 720	7 742	10 839	15 516
净利润	498	688	1 091	1 616

要求:根据表 10-1 分析评价公司的增长能力。

2. 表 10-2 是清乾公司 2018—2021 年有关的会计资料。

表 10-2　清乾公司 2018—2021 年有关的会计资料　　单位:万元

项　　目	2018 年	2019 年	2020 年	2021 年
资产总额	1 369	1 649	2 207	3 103
股东权益	797	988	1 343	1 915
营业收入	4 576	6 194	8 671	12 413
营业利润	674	913	1 298	1 866
净利润	398	550	873	1 293

要求:(1) 利用表 10-2 中的数据计算清乾公司的收入增长率,并分析其销售增长能力;

(2) 利用表 10-2 中的数据计算清乾公司股东权益增长率、营业利润增长率、净利润增长率、资产增长率,并分析清乾公司的整体增长能力。

(四) 案例分析题

案例一:化妆品 P 公司的增长能力分析

近年来,随着国内发展计划的推进,我国对企业发展质量的要求越来越高。《2035 年远景目标纲要》明确指出要在消费品领域打造中国原创世界级品牌,而化妆品企业作为消费品领域中的重要一环,更应响应国家号召,努力实现“国货崛起”。

P 公司是我国知名大型集团化妆品公司,自成立以来,成功打造了不少热销品牌,上市之后其营收更是节节攀升,股价上涨超过 5 倍,被视为“国货崛起”的化妆品企业代表之一。2021 年抖音“双 11”美妆销售报告反馈,P 公司产品在购物节当天成交金额达 2 754 万元,位列第二。P 公司的增长速度和质量指标如表 10-3 和表 10-4 所示。

表 10-3　2019—2021 年 P 公司的增长速度指标

项　　目	2019 年	2020 年	2021 年	平均增长率
营业收入增长率	32.99%	20.12%	34.77%	29.29%
净利润增长率	35.92%	13.70%	30.99%	26.87%
净资产增长率	18.15%	18.62%	16.56%	17.78%

表 10-4　2021 年 P 公司的增长质量指标

指　　标		数　　值
偿债能力	速动比率	180.28%
	资产负债率	28.01%
盈利能力	营业活动收益质量比	98.20%
	净资产收益率	19.52%
现金流能力	现金流动负债比率	52.25%
	营业收入现金比率	13.09%
营运能力	总资产周转率	114.81%

要求：请根据资料，对 P 公司的增长能力进行分析和评价。

案例二：ABC 公司的增长能力分析

ABC 公司 2019—2021 年增长能力指标如表 10-5 所示，请对该公司的增长能力状况进行分析和评价。

表 10-5　ABC 公司 2019—2021 年增长能力指标　　单位：%

项　　目	2019	2020	2021
股东权益增长率	24.27	21.09	28.37
净利润增长率	31.22	35.03	16.82
营业利润增长率	32.52	33.30	15.46
收入增长率	41.54	43.65	31.33
资产增长率	37.36	27.88	26.51

（五）思考题

1. 企业增长能力分析的目的是什么？
2. 企业单项增长能力分析指标有哪些？
3. 在利用收入增长率来分析企业在销售方面的增长能力时，应该注意哪几个方面？
4. 在对资产增长率进行具体分析时，应该注意哪几个方面？

第十一章　企业综合分析

一、重点与难点

1. 企业综合分析的目的
2. 企业综合分析的内容
3. 企业综合分析评价指标
4. 企业经营业绩综合评价

二、关键概念与参考解释

1. 杜邦财务分析体系

杜邦财务分析体系亦称杜邦财务分析法，是指根据各主要财务比率指标之间的内在联系，建立财务分析指标体系，综合分析企业财务状况的方法。由于该指标体系是由美国杜邦公司最先采用的，故称杜邦财务分析体系。

2. 帕利普财务分析体系

杜邦财务分析体系自产生以来在实践中得到广泛应用与好评。随着经济与环境的发展、变化和人们对企业目标认识的进一步升华，许多人对杜邦财务分析体系进行了变形、补充，使其不断完善与发展。美国哈佛大学教授帕利普等在其所著的《企业分析评价》一书中，提出了以可持续增长比率为核心指标的帕利普财务分析体系。

3. 经营业绩评价综合指数法

经营业绩评价综合指数法是指在确定一套合理的经济效益指标体系的基础上，对各项经济效益指标个体指数加权平均，计算出经济效益综合值，用以综合评价经济效益的一种方法。

4. 沃尔评分法

沃尔评分法就是将选好的财务比率用线性关系结合起来，并分别给定各自的分值比重，然后通过与标准比率进行比较，确定各项指标的得分及总体指标的累计分数，从而对企业的信用水平作出评价的方法。

三、练习题

(一) 单项选择题

1. 在杜邦财务分析体系中,综合性最强的财务比率是(　　)。

A. 净资产收益率　　B. 总资产净利率　　C. 总资产周转率　　D. 销售净利率

2. 权益乘数的计算公式是(　　)。

A. $\frac{总资产}{净资产}$　　B. $\frac{净资产}{总资产}$　　C. 1－资产负债率　　D. 1/资产负债率

3. 最能体现企业经营目标的财务指标是(　　)。

A. 总资产周转率　　B. 净资产收益率　　C. 销售利润率　　D. 成本利润率

4. 可持续增长比率的计算公式是(　　)。

A. $\begin{matrix}总资产\\收益率\end{matrix}\times\left(1-\frac{支付现金股利}{净利润}\right)$　　B. $\begin{matrix}总资产\\收益率\end{matrix}\times\left(1+\frac{支付现金股利}{净利润}\right)$

C. $\begin{matrix}净资产\\收益率\end{matrix}\times\left(1-\frac{支付现金股利}{净利润}\right)$　　D. $\begin{matrix}净资产\\收益率\end{matrix}\times\left(1+\frac{支付现金股利}{净利润}\right)$

5. 已知总资产净利率行业平均值为 12%,标准评分为 20 分;行业最高比率为 18%,最高得分为 25 分,则每分的财务比率差额为(　　)。

A. 1%　　B. 1.2%　　C. 1.5%　　D. 6%

6. 夏华公司下一年度的净资产收益率目标为 16%,资产负债率调整为 45%,则其资产净利率应达到(　　)。

A. 8.8%　　B. 16%　　C. 7.2%　　D. 37.8%

7. 以下指标中,属于正指标的是(　　)。

A. 资产负债率　　B. 流动比率

C. 流动资产周转天数　　D. 资本收益率

8. 资产负债率的标准值为 50%,实际值为 60%,其单项指数为(　　)。

A. 120%　　B. 100%　　C. 80%　　D. 83.33%

9. 某修正指标的实际值是 90%,其上档标准值是 100%,本档标准值是 80%,其功效系数是(　　)。

A. 40%　　B. 50%　　C. 60%　　D. 80%

10. 企业绩效评价的四类指标中,最重要的一类是(　　)。

A. 资产质量　　B. 经营增长　　C. 债务风险　　D. 盈利能力

(二) 多项选择题

1. 在杜邦分析图中可以发现,提高净资产收益率的途径有(　　)。

A. 使销售收入增长高于成本和费用的增加幅度

B. 降低公司的销货成本或经营费

C. 提高总资产周转率

D. 在不危及企业财务安全的前提下,增加债务规模,增大权益乘数

E. 提高销售净利率

2. 依据杜邦分析法，当权益乘数一定时，影响资产净利率的指标有(　　)。

A. 销售净利率　　B. 资产负债率　　C. 资产周转率　　D. 产权比率

E. 负债总额

3. 综合分析评价的目的包括(　　)。

A. 明确企业财务活动与经营活动的相互关系

B. 评价企业财务状况及经营业绩

C. 为投资决策提供参考

D. 为完善企业管理提供依据

E. 为进行职工奖励打基础

4. 根据杜邦财务分析体系，影响净资产收益率的因素有(　　)。

A. 权益乘数　　B. 速动比率

C. 销售(营业)利润率　　D. 成本利润率

E. 总资产周转率

5. 根据帕利普财务分析体系，影响净资产收益率的因素有(　　)。

A. 销售利润率　　B. 财务杠杆作用

C. 总资产利润率　　D. 总资产周转率

E. 股利支付率

6. 根据帕利普财务分析体系，与财务杠杆作用相关的指标有(　　)。

A. 流动比率　　B. 速动比率

C. 负债与资本比率　　D. 负债与资产比率

E. 现金比率

7. 经营业绩评价综合指数法所选择的经济效益指标包括(　　)。

A. 盈利能力指标　　B. 资本保值增值指标

C. 偿债能力指标　　D. 资产负债水平指标

E. 对国家贡献水平指标

8. 企业社会贡献总额包括(　　)。

A. 应交增值税　　B. 工资　　C. 利息支出净额　　D. 利润

E. 净利润

9. 经营业绩评价综合评分法所选择的业绩评价指标包括(　　)。

A. 盈利能力状况指标　　B. 资产质量状况指标

C. 债务风险状况指标　　D. 经营增长状况指标

E. 社会贡献状况指标

10. 反映盈利能力状况的修正指标有(　　)。

A. 净资产收益率　　B. 资本收益率

C. 总资产报酬率　　D. 销售(营业)利润率

E. 成本费用利润率

11. 提高净资产收益率的途径有(　　)。

A. 提高资产营运效率　　B. 增加销售收入

C. 降低成本费用　　D. 降低负债比率

E. 提高负债比率

12. 下列关于业绩评价标准值的说法中，正确的有（　　）。

A. 一般地说，当评价企业经营计划完成情况时，可以企业计划水平为标准值

B. 当评价企业经营业绩水平变动情况时，可以企业前期水平为标准值

C. 当评价企业在同行业或在全国或国际上所处地位时，可用行业标准值或国家标准值或国际标准值

D. 设置标准值时，可适当参照国际上通用标准

E. 设置标准值时，可以参考我国企业在近三年的行业平均值

13. 反映债务风险状况的财务指标有（　　）。

A. 已获利息倍数　　B. 流动比率　　C. 速动比率　　D. 资产负债率

E. 现金流动负债比率

（三）计算分析题

1. 企业的资产负债率为60%，流动比率为180%，资产负债率的标准值为50%，流动比率的标准值为200%。请计算资产负债率和流动比率的单项指数。

2. 总资产报酬率的评价标准表如表11-1所示。

表11-1　总资产报酬率的评价标准表

标准系数	优秀(1)	良好(0.8)	平均值(0.6)	较低值(0.4)	较差值(0.2)
指标值/(%)	9.1	7.3	4.0	2.2	0.0

某企业该项指标实际完成值为7.2%，该项指标的权数为14分。请计算总资产报酬率的得分。

3. 销售(营业)利润率的标准值区段等级表如表11-2所示。

表11-2　销售(营业)利润率的标准值区段等级表

标准系数	优秀(1)	良好(0.8)	平均值(0.6)	较低值(0.4)	较差值(0.2)
指标值/(%)	20.9	18.4	15.0	11.4	7.0

某企业销售利润率的实际值为17.2%，该指标的权数是10分，盈利能力类指标的权数是34分，该类指标的实际得分是31分。请计算销售(营业)利润率指标的加权修正系数。

4. 发展创新指标的等级参数为：优，1分；良，0.8分；中，0.6分；低，0.4分；差，0.2分。该指标的权数是15分。7名评议员的评议结果是：优等3人，良等3人，中等1人。请计算发展创新指标的得分。

5. 某企业近两年的有关资料如表11-3所示。

表11-3　某企业近两年的有关资料

项　目	2020年	2021年
总资产/万元	1 500	1 600
销售收入/万元	3 900	3 500
流动比率	1.2	1.26
存货周转率/次	7.8	6
平均收现期/天	20	26

续 表

项　　目	2020 年	2021 年
销售毛利率	17%	15%
销售净利率	5%	3%
总资产周转率/次	2.6	2.3
总资产净利率	13%	6.9%

要求:(1) 利用杜邦分析体系全面分析该企业运用资产获利能力的变化及其原因;

(2) 采用因素分析法确定各因素对总资产净利率的影响程度;

(3) 根据分析结果提出改进的措施。

6. 乙公司 2020 年和 2021 年部分财务指标如表 11-4 所示。

表 11-4　乙公司的部分财务指标

财务指标	2020 年	2021 年
销售净利率	8%	9%
总资产周转率	0.15	0.12
股权比率	50%	40%

要求:(1) 计算乙公司 2020 年和 2021 年的总资产收益率和权益乘数;

(2) 计算乙公司 2020 年和 2021 年的净资产收益率;

(3) 利用杜邦分析法对乙公司净资产收益率变化的原因进行简要分析。

(四) 案例分析题

案例一:ABC 行业的杜邦财务分析

ABC 产业是我国国民经济的重要支柱产业。在我国经济多年持续高速增长的带动下,ABC 产业也经历了多年的持续快速增长。受全球疫情和经济形势影响,ABC 行业持续多年的效益高增长态势发生变化,出现了增长放缓、盈利水平下降的局面,因此有必要找出问题的根源,并提出解决办法。

以 ABC 行业的 37 家上市公司的汇总数据为例,ABC 行业的杜邦分析指标和相关财务数据如表 11-5 至表 11-10 所示。

表 11-5　ABC 行业的杜邦分析指标

项　　目	2020 年	2021 年
销售净利润率/(%)	5 334 672÷92 352 388=5.78	814 436÷96 995 650=0.84
总资产周转率/次	92 352 388÷[(65 584 655+86 513 504)÷2]=1.21	96 995 650÷[(95 139 389+109 791 018)÷2]=0.95
权益乘数	[(65 584 655+86 513 504)÷2]÷[(29 449 629+37 233 720)÷2]=2.28	[(95 139 389+109 791 018)÷2]÷[(39 364 468+42 534 529)÷2]=2.5

表 11-6　ABC 行业的盈利能力数据

盈利能力指标	2020 年	2021 年
营业利润率/(%)	7.95	1.29
销售净利率/(%)	5.78	0.84
净资产收益率/(%)	15.95	2
平均每股收益/元	0.64	0.08

表 11-7　ABC 行业的营业利润各项目增减情况表　　金额单位:万元

项　目	2020 年	2021 年	增长率
销售收入	92 352 388.00	96 995 650.00	5.03%
销售成本	79 523 323.00	89 617 969.00	12.69%
期间费用	4 913 839.00	5 953 156.00	21.15%
其中:销售费用	1 279 584.00	1 210 869.00	−5.37%
管理费用	2 670 366.00	3 351 151.00	25.49%
财务费用	963 889.00	1 391 136.00	44.33%

表 11-8　ABC 行业的资产使用效率指标　　单位:次

年份	总资产周转率	流动资产周转率	固定资产周转率	存货周转率	应收账款周转率
2007	1.21	3.07	2.12	5.83	15.04
2009	0.95	2.73	1.58	5.21	14.23

注:应收账款=应收账款+应收票据;计算本表数据时各项资产均采用平均余额

表 11-9　ABC 行业的资产项目年末余额与增减情况表　　金额单位:万元

项　目	2020 年	2021 年	增长率
应收账款	7 553 446	7 617 346	0.85%
存货	16 031 197	17 596 533	9.76%
固定资产	47 444 792	65 757 123	38.60%

注:应收账款=应收账款+应收票据;固定资产=固定资产净额+在建工程+工程物资+固定资产清理

表 11-10　ABC 行业的资产负债率

项　目	2018 年	2019 年	2020 年	2021 年
资产负债率/(%)	53	55	57	60

注:计算本表数据时资产、负债均采用平均余额,即(年初余额+年末余额)÷2。

案例来源:刘华辉.我国钢铁行业的杜邦财务分析[J].财会通讯,2011,8.

要求:

(1) 运用杜邦财务分析体系及因素分析法对 ABC 行业的净资产收益率变动进行分析;

(2) 根据资料,归纳 ABC 行业在财务方面存在的问题。

案例二:A 公司的综合分析

A 公司是集电视、空调、数码、生活家电等产业研发、生产、销售、服务为一体的多元化、综合性企业集团,并逐步成为在全球具有竞争力和影响力的家电综合产品与服务供应商。A 公司所在行业相关指标平均值为:资产负债率为40%,已获利息保障倍数为3倍。为增加公司流动性,董事陈某建议发行公司债券筹资10 000万元;董事王某建议改变之前的现金股利政策,以后不再发放现金股利。摘取A公司近三年财务报告的部分数据,对A公司的财务状况和经营成果进行分析,资料如表11-11至11-13所示。

表11-11 A公司2019—2021年财务状况 单位:万元

项目	2019年	2020年	2021年
资产	1 430	1 560	1 695
其中:流动资产	630	760	895
负债	830	910	1 045
其中:流动负债	530	610	745
所有者权益	600	650	650

表11-12 A公司2019—2021年经营成果 单位:万元

项目	2019年	2020年	2021年
营业收入	4 000	4 300	3 800
营业成本	3 200	3 600	3 300
息税前利润	650	445	228
利息费用	250	178	95
所得税费用	100	67	33
净利润	300	200	100

注:假设该公司没有营业外收支和投资收益,且所得税率不变。

表11-13 A公司2019—2021年相关财务比率

项目	2019年	2020年	2021年
平均收现期/天	18	22	27
存货周转率	8.0	7.5	5.5

要求:

(1) 计算A公司2021年的流动比率、资产负债率、已获利息保障倍数和总资产净利率;

(2) 计算A公司2021年权益乘数、销售净利率、总资产周转率和净资产收益率,并验证杜邦分析体系(注:为了简化计算,年度平均总资产由期末总资产来替代);

(3) 根据杜邦分析法来说明A公司运用资产获利能力的变化及其原因;

(4) 结合A公司的偿债能力状况,分析董事陈某提出的建议是否合理并说明理由;

(5) 假如你是A公司的财务经理,在2022年应从哪些方面改善公司的财务状况和经营业绩?

(五) 思考题

1. 综合分析的目的是什么?
2. 综合分析的内容是什么?
3. 杜邦财务分析体系为进行企业综合分析提供了哪些财务信息?
4. 运用经营业绩评价综合指数法的程序是怎样的?
5. 运用沃尔评分法的程序是怎样的?

第十二章　企业战略管理与分析

一、重点与难点

1. 战略的概念
2. 战略管理的概念
3. 战略分析的过程
4. SWOT 分析

二、关键概念与参考解释

1. 战略管理

战略管理有广义和狭义之分，狭义的战略管理即战略决策；广义的战略管理不仅包括战略制定(即战略决策)，还包括战略实施和战略评价。

2. 战略管理者构成

战略管理者一般包括企业的董事会、高层经理、中层管理者、战略管理部门、非正式的组织领导、企业智囊团等。他们是企业战略管理的主体，是企业内外环境的分析者、战略的制定者，是战略实施的领导者和组织者，还是战略实施的控制者和评价者。

3. 财务战略管理

财务战略管理指企业在分析理财环境的基础上，服从和服务于企业战略的前提下，对企业资源筹集和配置活动进行的全局性和长远性的谋划，它是战略理论在财务管理领域的应用和延伸。

4. 战略分析

战略分析是指通过资料的收集和整理分析组织的内外环境，包括组织诊断和环境分析两个部分。分析的目的在于：在全面和系统的战略分析的基础上得到企业的科学竞争战略；有明确的发展方向，有清晰的业务发展阶梯；企业战略在组织内得到充分沟通并达成共识；企业发展方向一致，上下同心协力达成战略目标；让员工认同并支持企业的战略和目标，加强员工责任感；建立战略决策机制，决策具有科学性和前瞻性；不但重视短期绩效，更重视长期发展；企业的整体业绩和核心竞争力不断提升。

5. 产业环境

产业环境是指对于同一产业内的组织都会发生影响的环境因素。

6. 企业能力

企业能力指企业配置资源，发挥其生产和竞争作用的能力。

7. 核心能力

核心能力指企业在长期生产经营过程中的知识积累和特殊的技能（包括技术的、管理的等）及相关的资源（如人力资源、财务资源、品牌资源、企业文化）组合成的一个综合体系，是企业独具的、与他人不同的一种能力。

8. 价值链

价值链是指企业进行的一系列符合特定模式的活动。或者说，价值链是企业生产的产品或服务增值的环节或链条。价值链中的每项活动都增加了产品或服务的价值。

9. SWOT 分析

SWOT 分析法又称态势分析法，是在 20 世纪 80 年代初由旧金山大学的管理学教授提出来的，是一种能够较客观而准确地分析和研究一个单位现实情况的方法。

三、练习题

（一）单项选择题

1. 旨在阐述公司长期战略意向的是（　　）。

A. 公司目的　　B. 财务目标

C. 经营哲学　　D. 公司宗旨

2. 苹果计算机取代王安计算机，这属于替代品替代威胁中的（　　）。

A. 间接产品替代　　B. 直接产品替代

C. 产品升级　　D. 差异替代

3. 企业每项生产经营活动都是其创造价值的经济活动，企业所有的互不相同但又相互关联的生产经营活动，构成了创造价值的一个动态过程，是指（　　）。

A. 直接活动　　B. 基本活动

C. 价值链　　D. 辅助活动

4. 一家主题公园公司，数十年间，在多个地方等开设主题公园，成为旅游热点，这是密集型战略里的（　　）。

A. 市场开发　　B. 产品开发

C. 多元化　　D. 市场渗透

5. 并购分为友善并购和敌意并购的分类标准是（　　）。

A. 按并购方的态度分类　　B. 按收购资金来源分类

C. 按并购双方所处的产业分类　　D. 按并购方的身份分类

（二）多项选择题

1. 一般来说，进行企业外部环境分析中的宏观环境因素包括（　　　）。

A. 政治和法律因素　　B. 经济因素

C. 社会和文化因素　　D. 技术因素

E. 行业因素和心理因素

2. 对竞争对手的未来目标展开分析的方面主要有(　　)。

A. 竞争对手目标分析对本公司制定竞争战略的作用

B. 分析竞争对手业务单位目标的主要方面

C. 多元化公司母公司对其业务单位未来目标的影响

D. 多元化公司子公司对其业务单位未来目标的影响

E. 竞争对手的潜在能力

3. 消费者分析是企业制定战略时应重点考虑的,分析的内容主要包括(　　)。

A. 市场份额

B. 消费细分

C. 消费动机

D. 消费者未满足的需求

E. 消费者期望

4. 决定企业竞争优势的企业资源判断标准包括(　　)。

A. 资源的稀缺性

B. 资源的不可模仿性

C. 资源的不可替代性

D. 资源的持久性

E. 资源的可再生性

5. 企业采用收缩战略的原因主要包括(　　)。

A. 大企业战略重组需要

B. 小企业的短期行为

C. 外部原因

D. 企业失去竞争优势

E. 企业遭受巨大损失

(三) 案例分析题

财务报表既反映了企业的财务状况,同时也是企业经营状况的综合反映。分析财务报表是企业利益相关者获取有关信息的重要手段和渠道,他们希望从一系列的财务报表中得出多种财务关系,而统领这些财务关系的关键正是行业的经济特征。因此,要有效分析企业财务报表挖掘隐藏在数字背后的秘密和混杂在字里行间的真相,首先就必须识别行业经济特征。

根据证监会行业分类标准,从上市公司年度的财务报表中,分别选择了农林牧渔业、采掘业、制造业、建筑业、交通运输和仓储业、信息技术业、批发和零售贸易业、金融保险业、房地产业、社会服务业中具有代表性的企业,结构资产负债表和结构利润表如表 12-1 和表 12-2 所示。

要求:

(1) 从资产负债表角度分析这十个行业的异同,总结行业的特点;

(2) 从利润表角度分析这十个行业的异同,总结行业的特点;

(3) 根据不同行业的特点分析其对企业战略选择的影响。

(四) 思考题

1. 企业战略的构成要素有哪些?

2. 企业各层决策者在战略管理的主要职责有哪些?

3. 财务战略管理与传统财务管理的区别有哪些?

4. 财务战略管理的基本特征有哪些?

5. 企业核心能力辨别的关键性测试是什么?

6. 企业价值活动的基本活动包括什么?

表 12-1 结构资产负债表(占总资产比例)

单位:%

项目	A. 农林牧渔业	B. 采掘业	C. 制造业	E. 建筑业	F. 交通运输和仓储业	G. 信息技术业	H. 批发和零售贸易业	L. 金融保险业	J. 房地产业	K. 社会服务业
	东方园林	恒源煤电	美的集团	中铁二局	中国东航	东方通信	重庆百货	工商银行	万科	西安旅游
货币资金	59.22	8.33	12.18	9.76	3.04	40.73	22.58	2.02	16.72	17.09
交易性金融资产	0.00	0.00	0.09	0.00	0.00	1.25	0.00	3.52	0.00	0.00
应收票据	0.00	9.33	17.21	0.65	0.00	1.00	0.07	0.00	0.00	0.00
应收账款	13.84	1.49	14.74	25.12	1.90	12.32	0.23	0.00	0.52	1.77
预付账款	0.00	0.51	2.55	10.32	0.52	0.10	4.70	0.00	6.35	2.13
存货	22.97	1.67	18.41	34.11	1.29	6.92	23.10	0.00	65.46	24.16
流动资产合计	97.91	21.68	66.75	87.83	9.53	63.07	51.14	5.54	94.71	47.17
债权投资	0.00	0.00	0.00	0.00	0.00	2.27	0.00	12.70	0.00	0.65
长期投资	0.40	0.00	2.22	1.32	1.60	20.26	1.98	0.31	2.88	3.31
其他权益工具投资	0.00	0.00	0.00	0.00	0.00	0.00	0.00	8.06	0.12	0.00
固定资产	1.41	40.08	17.99	7.02	77.42	13.95	40.93	0.72	0.99	36.75
在建工程	0.00	16.06	1.54	1.44	8.09	0.65	0.36	0.00	0.43	4.11
无形资产	0.02	18.76	3.86	0.33	1.95	1.34	0.96	0.00	0.06	7.67
非流动资产合计	2.09	78.32	33.25	12.17	90.47	36.93	48.86	94.46	5.29	52.83
资产总计	100.00	100.00	100.00	100.00	100.00	100.00	100.00	100.00	100.00	100.00
短期借款	7.12	1.48	1.70	9.90	11.67	0.00	0.00	8.50	0.86	13.04
应付账款	14.09	6.33	29.11	25.30	11.77	9.09	26.27	0.31	11.85	2.94
应付票据	0.00	5.41	9.43	5.90	6.90	0.28	10.14	0.01	0.02	0.00
预收账款	0.06	3.64	3.18	22.32	2.09	1.85	7.24	0.00	23.06	33.83
其他应付款	1.40	15.69	1.02	5.10	2.01	1.98	16.84	0.00	6.73	5.03
流动负债合计	24.88	36.71	59.57	78.81	49.52	20.87	64.88	92.35	49.46	54.40
长期借款	0.00	8.93	0.00	2.65	18.06	0.00	0.00	0.00	12.72	0.00
应付债券	0.00	0.00	0.00	0.00	0.00	0.00	0.00	0.64	4.21	0.00

续 表

项 目	A. 农林牧渔业	B. 采掘业	C. 制造业	E. 建筑业	F. 交通运输和仓储业	G. 信息技术业	H. 批发和零售贸易业	L. 金融保险业	J. 房地产业	K. 社会服务业
	东方园林	恒源煤电	美的集团	中铁二局	中国东航	东方通信	重庆百货	工商银行	万科	西安旅游
长期应付款	0.01	25.72	0.00	0.37	26.58	0.00	0.00	0.00	0.00	0.00
非流动负债合计	0.01	34.65	0.22	3.02	45.46	0.99	0.00	1.89	17.54	0.00
负债合计	24.90	71.36	59.80	81.83	94.98	21.85	64.88	94.24	67.00	54.40
实收资本	3.53	3.66	6.57	5.66	13.30	37.96	7.46	2.83	7.99	21.35
未分配利润	14.33	8.58	11.32	2.86	−23.60	6.63	18.40	1.00	6.40	7.38
股东权益合计	75.10	28.64	40.20	18.17	5.02	78.15	35.12	5.76	33.00	45.60
负债与股东权益合计	100.00	100.00	100.00	100.00	100.00	100. 00	100.00	100.00	100.00	100.00

表 12-2 结构利润表(占营业收入比例)

单位:%

项 目	A. 农林牧渔业	B. 采掘业	C. 制造业	E. 建筑业	F. 交通运输和仓储业	G. 信息技术业	H. 批发和零售贸易业	L. 金融保险业	J. 房地产业	K. 社会服务业
	东方园林	恒源煤电	美的集团	中铁二局	中国东航	东方通信	重庆百货	工商银行	万科	西安旅游
营业收入	100.00	100.00	100.00	100.00	100.00	100.00	100.00	100.00	100.00	100.00
营业成本	67.11	75.66	78.21	92.98	93.52	91.50	84.14	183.88	70.61	70.03
税金及附加	3.21	1.41	0.13	2.92	2.56	0.51	0.70	11.08	7.37	2.03
销售费用	0.00	1.31	12.12	0.27	7.46	1.96	8.49	0.00	3.10	18.91
管理费用	10.74	7.26	3.51	1.75	3.86	5.68	4.14	62.06	2.95	7.79
财务费用	0.57	0.92	0.47	0.21	4.12	−0.64	0.27	0.00	1.17	0.58
资产减值损失	0.98	−0.14	0.36	0.09	0.30	0.09	0.00	14.17	−1.07	0.47
营业利润	18.08	13.58	5.33	1.90	−2.38	2.30	2.34	101.29	17.77	−0.11
营业外收入	0.00	0.17	0.84	0.13	4.03	1.03	0.18	1.35	0.14	0.42

第十三章　智能财务分析

一、重点与难点

1. 智能财务的起源与发展
2. 智能财务分析的概念和基础理论
3. 智能财务体系的构建原则和影响因素

二、关键概念与参考解释

1. 智能财务体系

智能财务体系是指管理会计信息系统在智能化发展过程中所涉及的主体和过程的集合。智能财务体系可以将企业业务活动和财务活动相互联系起来，作为一个整体，实时监控各个环节，通过展示更加直观的数据，给企业内外部管理者提供更合理、高效决策的智能化财务系统。

2. 大数据理论

大数据理论是利用大数据的手段对信息数据进行搜集并分析，采用整体数据分析的方式。

3. C2M 模式

C2M(Customer-to-Manufactory)模式，是指消费者与工厂进行直接沟通，省掉了烦琐的中间商和代理商的环节，使得消费者可以获得物美价廉的心仪产品。制造商也根据顾客的需求有针对性地设计个性化、差异化的商品，在设计商品的过程中让消费者全程参与。

三、练习题

(一) 单项选择题

1. 下列各项中，不是智能财务分析所基于的基础理论的是(　　)。

A. 源点论理论　　B. 大数据理论　　C. C2M 模式理论　　D. MM 理论

2. 下列各项中，不属于智能财务分析目前面临的挑战和困难的是(　　)。

A. 相关财务人员对人工智能的应用不够熟悉

B. 我国财务信息的处理相对落后

C. 财务数据的保密性不强
D. 智能财务分析对不同的财务人员具有不同意义

3. 下列各项中,不属于智能财务体系构建的影响因素是(　　)。
A. 智能工具的应用　　B. 财务人员对财务数据的个人判断
C. 财务信息的内部控制　　D. 财务信息的输入和输出

4. 与智能财务决策相比,下列各项中,不属于传统财务决策局限性的是(　　)。
A. 主观性过强　　B. 考虑因素不全
C. 时效性差　　D. 财务资料不完整

5. 下列针对智能财务分析与决策说法,不对的是(　　)。
A. 智能财务分析是可视化的
B. 智能财务分析抛弃了传统的财务指标
C. 智能财务分析利用更加多元、全面的数据能够更好地辅助企业进行风险预测和决策
D. 智能财务分析的周期较短,可以及时、动态调整相关决策

(二) 多项选择题

1. 下列各项中,属于智能财务分析的特征的有(　　)。
A. 流程化　　B. 分析结果可视化
C. 重要性　　D. 静态性
E. 稳定性

2. 传统的财务分析方法存在的局限性包括(　　)。
A. 传统财务分析方法所采用的标准值或参考系也各有不同,这些标准值和参考系也难以得出一个科学的公认标准。
B. 即便使用相同的分析指标和指标体系,但因依据的标准值和参考系不同得出的分析结论也不尽相同。
C. 标准值或参考系的选择是否科学恰当很难得到一个社会公认的标准分析结论。
D. 财务报表中的数据分析均是基于过去的财务指标,对企业未来没有借鉴意义。
E. 传统财务分析方法无法从大数据分析的视角出发对风险相关数据进行深度挖掘,精准预测能力较低。

3. 智能财务体系的构建原则包括(　　)。
A. 普遍性原则　　B. 系统性原则
C. 层次性原则　　D. 动态性原则
E. 可变性原则

4. 下列关于智能财务说法正确的有(　　)。
A. 数字化是智能财务的基础　　B. 自动化是智能财务的主要内容
C. 人工智能算法是智能财务的灵魂　　D. 系统化是智能财务的形式
E. 信息化是智能财务的特征

5. 智能财务技术包括(　　)。
A. 数字化技术　　B. 自动化技术
C. 人工智能技术　　D. 电子技术
E. 生物技术

（三）案例分析题

智能财务机器人来了，财务人的淘汰危机也来了吗？

近年来，随着人工智能技术的发展，金融、财务、投资、审计与会计的智能化问题引起广泛关注。从2017年开始，财务行业的大事件一波接着一波，有两方面的消息显得尤为重磅，一方面是财会证书，会计证的取消以及初级职称的变革；而另一方面，是以机器人为代表的人工智能逐渐进入人们的视野，并且侵占财务人的岗位。

以德勤、普华永道、安永、毕马威为代表的国际四大已经相继上市财务机器人以及财务机器人解决方案，一场对于传统财务行业的变革正在进行中，一个“机器人流程自动化”的时代正悄悄来临！财务机器人这种新劳动者越来越强大，可以帮助人类更快、更好、更安全地完成许多工作。根据普华永道会计师事务所今年3月发布的“英国经济前景”研究报告，未来15年，美国将有高达38%的工作岗位可能被机器人和人工智能取代；德国和英国也分别会有35%和30%的工作岗位由机器人占据；在日本则有21%的工作岗位面临同样的可能。在财务相关岗位，会计从业、会计电算化、凭证录入、数据统计分析等，未来被人工智能取代是非常有可能的，人的价值越来越体现在做有创造性的工作上，简单的有规律可循的机械工作，财会人应居安思危。

要求：

(1) 分析智能财务发展给财务行业带来的问题；

(2) 思考为了不被淘汰，财会人应如何应对。

（四）思考题

1. 简述我国智能财务分析面临的挑战和困难。
2. 简述传统财务分析方法的局限性。
3. 智能财务体系的构建原则有哪些？
4. 智能财务体系构建的影响因素有哪些？

附录　参考答案

第一章　财务分析概论

（一）单项选择题

1. A　2. C　3. C　4. C　5. B　6. D　7. C　8. B　9. B　10. C

（二）多项选择题

1. ABCDE　2. ABCD　3. ABC　4. ABCDE　5. ABCDE　6. ABCD　7. BCD　8. ABE　9. ABCD　10. ABD

（三）计算分析题

1. (1) 单位产品材料成本分析。

分析对象:89－86＝3(元)

因素分析:

单耗变动影响:(11－12)×3＝－3(元)

单价变动影响:11×(4－3)＋10×(4.5－5)＝11－5＝＋6(元)

可见,丙产品单位材料成本上升主要是A材料价格上涨幅度较大造成的。其实A材料单耗和B材料单价的变动对材料成本降低都起了较大作用。

(2) 单位产品直接人工成本分析。

分析对象:27－20＝7(元)

因素分析:

效率差异影响:(18－20)×1＝－2(元)

工资差异影响:18×(1.5－1)＝9(元)

可见,企业人工费用上升主要是由小时工资率提高引起的,而企业生产效率并没有下降。效率提高使单位产品人工成本降低了2元。

2. 该公司五年的筹资结构一直是以所有者权益与流动负债占主体,且所有者权益结构有一定的攀升势头,流动负债结构相对下降,说明该公司的筹资政策具有一定的连续性;同时也说明该公司的盈利实力不断增强,投资者经营成果不断壮大,高成长性给企业带来丰厚的留存收益,用这部分资本再投资,财务风险相对下降,从而形成投资效益的良性循环。

3. 单位材料成本的变动额:135－120＝15(万元)

上年产品销售收入＝销售数量×销售单价＝240×0.5＝120(万元)

(1) 以本年销售数量替代:产品销售收入＝300×0.5＝150(万元)

(2) 以本年销售单价替代,产品销售收入＝300×0.45＝135(万元)

利用上述计量结果,销售数量变动与销售单价变动对产品销售收入差异的影响分别是:

销售数量变动对差异的影响:150－120＝30(万元)

销售单价变动对差异的影响:135－150＝－15(万元)

检验:30－15＝15(万元),即本年产品销售收入比上年增加15万元

影响因素是:

(1) 销售数量本年比上年增加60台,从而使本年产品销售收入增加30万元。

(2) 销售单价本年比上年下降0.05万元,从而使本年产品销售收入减少15万元。销售数量与销售单价对该公司销售收入总影响是增加了15万元。

4. (1) 编制资产负债表垂直分析表如附表1-1所示。

附表1-1　资产负债表垂直分析表　　单位:%

资　　产		负债和所有者权益	
项　　目	构成比率	项　　目	构成比率
流动资产	34.95	流动负债	16.94
其中:速动资产	11.89	长期负债	13.85
固定资产净值	41.02	负债小计	30.79
无形资产	24.04	所有者权益	69.22
合计	100.00	合计	100.00

(2) 评价:

第一,企业资产结构中有形资产结构为76%,无形资产结构为24%;流动资产结构占35%,非流动资产结构占65%。这种结构的合理程度要结合企业特点、行业水平来评价。

第二,企业权益结构中负债占31%,所有者权益占69%,说明企业总体或长期偿债能力还比较好。但评价时应结合企业盈利能力情况,从负债经营角度进一步分析评价。

第三,将资产结构和权益结构结合起来考虑,或从比率指标看,企业无论从短期偿债能力还是长期偿债能力及固定资产适合程度方面都比较好。

第四,结构分析也应从动态角度进行,即将本期结构与前期对比,观察变动情况。

5. (1) 编制资产负债表比较分析表如附表1-2所示。

附表1-2　资产负债表比较分析表　　金额单位:万元

资　　产	年末数	年初数	变动量	变动率
流动资产				
应收账款	4 071	3 144	＋927	＋29.48
存货	3 025	2 178	＋847	＋38.89
流动资产合计	8 684	6 791	＋1 893	＋27.88
固定资产				
固定资产原值	15 667	13 789	＋1 878	＋13.62
固定资产净值	8 013	6 663	＋1 350	＋20.26
无形及递延资产	6 267	1 244	＋5 023	＋403.78
资产总计	22 964	14 698	＋8 266	＋56.24
流动负债				
应付账款	5 277	3 614	＋1 663	＋46.02
流动负债合计	5 850	4 140	＋1 710	＋41.30

续　表

资　　产	年末数	年初数	变动量	变动率
长期负债				
长期借款	7 779	2 382	+5 397	+226.57
负债合计	16 184	8 685	+7 499	+86.34
所有者权益				
实收资本	6 000	5 000	+1 000	+20.00
所有者权益合计	6 780	6 013	+767	+12.76
负债和所有者权益	22 964	14 698	+8 266	+56.24

从资产负债表的比较分析表中可看出,期末企业总资产比期初增加了 8 266 万元,增长率为 56.24%;资产的增加从占用形态看,主要是无形资产增加,应引起重视;资产增加从来源看,主要是由于负债的增加,特别是长期负债的增加引起的,负债比上年增长了 86.34%;所有者权益比上年也有增加,增长率为 12.76%。进一步分析资产、负债及所有者权益内部,还可得出许多关于资产、负债及所有者权益变动原因的结论。

(2) 编制资产负债表构成比率分析表如附表 1-3 所示。

附表 1-3　资产负债表构成比率分析表

项　　目	年末	年初
流动资产	37.82%	46.20%
固定资产	34.89%	45.33%
无形资产及递延资产	27.29%	8.47%
资产总计	100.00%	100.00%
应付账款	22.98%	25.59%
流动负债合计	25.48%	28.17%
长期借款	33.87%	16.21%
长期负债合计	45.00%	30.92%
负债总计	70.48%	59.09%
实收资本	26.13%	34.02%
所有者权益总计	29.52%	40.91%
负债和所有者权益	100.00%	100.00%

(3) 评价鸿时公司的财务状况。从附表 1-3 可看出,期末企业的资产构成情况:有形资产占 70%多,无形资产及递延资产约占 30%;在有形资产中,长期资产与流动资产的比重基本相同。从权益角度看,负债占 70%多,而所有者权益近 30%。一般而言,该企业的负债比重较大,但好在是长期负债比重较大,流动负债比重不算过高。如果与上年度的结构情况进行对比,则可看出:第一,有形资产比重下降较大,无形资产比重大幅度提高;第二,负债比重上升,所有者权益比重下降,负债上升的主要原因是长期借款增加较快。至于企业资产、负债及所有者权益结构变动的合理性,还应结合企业生产经营特点及具体情况而定。

6. 资产及销售指标计算表如附表 1-4 所示。

附表 1-4　资产及销售指标计算表

项　　目	2017 年	2018 年	2019 年	2020 年	2021 年
流动资产比率	61%	60%	71%	73%	73%
固定资产比率	10%	13%	11%	10%	10%
销售增长速度(环比分析)		28%	8%	8%	4%

该企业流动资产比率逐年上升,固定资产比率则逐年下降,这说明资产流动性提高了但影响了销售增长速度,使销售增长速度逐年减弱。虽然这种保守型的资产结构能够回避财务风险和经营风险,但偏高的流动比率将会影响企业生产经营能力的扩大与改善,同时影响销售增长和企业获利水平。

(四) 案例分析题

(1) 公用电气公司:D 公司。

(2) 外资商业企业:A 公司。

(3) 珠宝零售连锁店:E 公司。

(4) 汽车制造商:B 公司。

(5) 超市连锁店:C 公司。

(五) 思考题

1. 财务分析经历了怎样的演变过程?

答:财务分析始于西方银行家对贷款者的信用分析,之后又广泛应用于投资领域与公司内部。从财务分析产生与发展的过程不难发现,该学科的理论与实务一直是在外部市场环境的影响下不断加以完善。概括起来说,财务分析大体经历了如下三个阶段:

(1) 信用分析阶段。财务分析起源于美国银行家对企业进行的信用分析。银行为确保发放贷款的安全性,一般要求企业提供资产负债表等资料,以便对企业的偿债能力进行分析,其主要任务是对企业经营的稳定性进行分析。

(2) 投资分析阶段。为确保和提高投资收益,广大投资者纷纷利用银行对不同企业及行业的分析资料进行投资决策。于是,财务分析由信用分析阶段进入投资分析阶段,其主要任务也从稳定性分析过渡到收益性分析。

(3) 内部分析阶段。企业在接受银行的分析与咨询过程中,逐渐认识到了财务分析的重要性,开始由被动地接受分析逐步转变为主动地进行自我分析。通过财务分析掌握企业的财务状况,进而判断企业的经营状况,已经成为现代企业及社会的一大要求。

总之,历经一百多年,随着财务分析的产生和发展,实践活动不断地开展和深入,人们已积累了大量的经验,同时有关理论研究也日益拓展和深入,为企业财务分析提供了可能,也表明在我国开展专门的企业财务分析的时机已基本成熟。企业财务分析的理论方法和操作技能也已广泛应用于社会经济的各个领域,在社会经济发展和企业经营管理活动中发挥着越来越大的作用。

2. 财务分析的概念是什么? 广义财务分析与狭义财务分析的差异在哪里?

答:企业财务分析是指分析人员根据信息使用者的需求,以企业财务报告为主要依据,结合企业内部及外部相关信息资料,运用一系列分析技术和方法,对企业财务状况、筹资活动、投资活动、经营活动及其经营结果进行分析、研究和评价,并向信息使用者提供分析报告的一项管理活动。广义企业财务分析与狭义企业财务分析在分析报告使用范围、分析报告使用目的、分析内容、分析方法、分析深度、分析时间等方面都存在差异。

(1) 分析报告使用范围的差异。狭义企业财务分析又称财务报表分析,是依据企业公开披露的财务报告和相关信息,对企业财务状况及经营成果进行的分析、研究与评价。狭义企业财务分析也称为外部财务分析。广义企业财务分析是依据企业各类财务报告和相关信息，对企业财务状况、筹资活动、投资活动、经营活动及其经营成果进行的分析、研究和评价。广义企业财务分析是由内部财务分析和外部财务分析共同组成的。

(2) 分析报告使用目的的差异。狭义企业财务分析报告的使用目的主要是进行投资决策、贷款决策、赊销决策和其他决策。广义企业财务分析报告的使用目的不仅是进行投资决策、贷款决策、赊销决策和其他决策，还包括发现经营活动中存在的问题和不足，改进经营管理，为企业财务预测、决策、计划、控制和考核等经营管理活动提供依据。

(3) 分析内容的差异。狭义企业财务分析的信息来源局限于企业公开披露的财务报告、审计报告和其他信息资料，其分析内容也局限于偿债能力、营运能力、盈利能力、发展能力和综合能力等有关财务指标的计算、分析与评价。广义财务分析的信息来源包括所有财务报告和经营活动信息资料，其分析内容具有全面性，是对企业财务状况、筹资活动、投资活动、经营活动及其经营成果的全面分析、研究与评价。

(4) 分析方法的差异。狭义企业财务分析的分析方法主要包括趋势分析法、比率分析法、因素分析法等定量分析法。广义企业财务分析的分析方法还包括归纳分析法、演绎分析法、参与观察法、调查分析法等定性分析法。

(5) 分析深度的差异。财务报告、审计报告都属于经过财务会计人员、审计人员加工后的二手资料，因为没有原始的一手资料做补充，所以，狭义企业财务分析的分析深度比较肤浅，甚至有时会出现就指标论指标的情况。广义企业财务分析不仅拥有全部财务报告和经营活动信息资料，而且还拥有翔实的经营活动的原始资料，甚至有的分析主体本身就是企业筹资活动、投资活动及经营活动的亲历者，因此，广义企业财务分析的分析深度是狭义企业财务分析无法比拟的。

(6) 分析时间的差异。狭义企业财务分析的分析时间受制于企业财务会计报告对外提供的具体时间，具有分析定期性和滞后性的特点。广义企业财务分析的分析时间不仅不受企业财务会计报告具体出具时间的限制，而且还可以根据经营管理的需要灵活确定，除了可以在财务报表编制完成后立即进行定期分析，还可以对筹资活动、投资活动及经营活动进行日常分析，对特殊事项进行专题分析等。

3. 对于投资者来说，财务分析的目的是什么？

答：投资者是企业资本的提供者，现实的投资者也是企业的股东，是企业财产的所有者，也是企业最终风险的承担者。毫无疑问，作为投资者，他们最关心的是企业投资回报率；而作为企业最终风险的承担者，他们也非常关注企业的整体财务状况和发展能力。因此，投资者使用企业财务分析报告的目的主要包括以下两个方面：

(1) 了解企业投资回报情况。通过投资获得高额回报是投资者最直接的投资目的，作为投资者最关心的就是企业的获利能力，它不仅决定着投资者能够分到多少股利，而且上市公司的投资者还可以从股票价格的不断攀升中获得价差收益。因此，了解企业投资回报情况是投资者使用企业财务分析报告的主要目的。

(2) 了解企业财务状况。企业财务状况的优劣和发展趋势，不仅影响到企业的获利能力，也关系到企业的生存和发展，如果企业是上市公司的话还会影响到股票的价格。因此，了解企业财务状况，为是否长期持有企业股份或股票提供决策依据，也是投资者使用企业财务分析报告的重要目的。

4. 财务分析程序是怎样的？

答：(1) 明确分析的目的。财务分析的目的是财务分析的出发点，只有明确了分析目的，才能确定分析范围的大小、收集信息的内容和数量、分析方法的选用等一系列问题。所以，在财务分析中必须首先明确分析目的。

(2) 确定分析范围。财务分析的内容很多，但并不是每一次财务分析都必须涉及所有内容。只有根据不同的分析目的确定不同的分析范围，才能做到有的放矢，提高财务分析的效率。针对企业的哪个方面或哪些方面展开分析，分析的重点放在哪里，这些问题必须在开始收集信息之前确定下来。

(3) 收集相关信息。明确分析目的、确定分析范围后，接下来应当有针对性地收集相关信息。财务分析所依据的最主要的资料是企业对外报出的财务报表及报表附注。除此以外，企业内部供产销各方面的有关资料以及企业外部的评审意见、市场环境、经济政策、行业发展等信息都与财务分析息息相关。财务分析中应收集充分的信息,但并不是越多越好。收集多少信息,收集什么信息,应完全服从于分析的目的和范围。对收集到的相关信息,还应对其进行鉴别和整理。对不真实的信息要予以剔除,对不规范的信息要进行调整。

(4) 选择分析视角和分析方法。不同的分析师需要用到不同的分析方法,每一种分析方法都具有一定的独特性,分析方法本身并没有绝对的优劣之分,最适合分析目的、分析内容和所收集信息的方法就是最好的方法。财务分析的目的不同,财务分析的内容范围不同,为财务分析所收集的资料也不同,所选用的分析视角和分析方法也会有所差别。在财务分析中,既可以选择某一种分析方法,也可以将多种方法结合起来使用。

(5) 得出分析结论。收集到相关信息并选定分析方法后,分析主体将利用所选定的方法对相关信息进行全面而深入的分析,对企业在某一会计期间内或者多个会计期间内的经营成果和财务状况做出客观评判,为相应的经济决策提供依据。对于企业内部的管理者而言,还可以进一步总结出管理中的经验教训,以便及时发现经营中存在的问题,并探寻问题的原因,找出相应的对策,从而不断改善公司的经营管理,最终实现公司的战略目标。

5. 比较分析法的比较标准有哪些?

答:比较分析法中常用的比较标准有预期标准、历史标准、行业标准和公认标准四类,根据分析目的来确定。分析目的不同,选择的比较标准也不同。

(1) 预期标准。预期标准是指企业预先确定的比较标准,反映企业分析指标的目标水平,主要包括计划指标、预算指标、定额指标、责任指标等。将企业分析指标与预期标准相比较,可以对企业完成计划、预算、定额或责任指标的情况进行评判。

(2) 历史标准。历史标准是一个广义的概念,是指分析标准期间或时点之前已经成为历史数据的比较标准,反映企业分析指标的历史水平,主要包括上期指标、去年同期指标以及历史上任意时期的指标。将企业分析指标与历史标准相比较,可以对分析指标的发展方向和变动趋向进行评判。

(3) 行业标准。行业标准是指以企业所在行业的同类指标为比较标准,反映分析指标的行业水平。行业标准可以是本行业的平均水平、先进水平、历史水平或同期水平,也可以是本行业特定企业的水平。将企业分析指标与行业标准相比较,可以对企业在本行业中的地位和水平进行评判,并确定本企业与行业先进水平、特定企业之间的差距,为企业今后的发展指明方向。

(4) 公认标准。公认标准是指各类企业在不同时期内都普遍适用的比较标准,反映各企业普遍认同的分析指标水平。例如,2∶1 的流动比率和 1∶1 的速动比率就是各企业普遍认同的公认标准,将企业分析指标与这些公认标准相比较,可以对企业的短期偿债能力及财务风险进行评判。

6. 比较分析法的概念和缺陷是什么?

答:(1) 比较分析法又称为对比分析法,是通过相同项目在不同时期、不同主体之间,以及实际指标之间的相互比较,揭示数量差异,并从数量上说明分析对象规模大小、水平高低、速度快慢,以及各种关系是否协调的分析方法。

(2) 在利用比较分析法的基本计算公式计算分析指标增减率时,受分母数值的影响,有时会出现计算出来的结果不符合经济现象的情况。具体表现为以下三种情况:

① 分母数值为负数,分子数值为正数,则计算出来的增减率为负值;

② 分母数值为零,分子数值不论为何数,都无法计算增减率的数值;

③ 分母数值趋于零时,计算出来的增减率绝对值趋近于无穷大。

上述三种情况得出的结果与现实中的经济现象不相符,在企业财务分析实践中还没有找出科学的解决办法。因此,如果出现上述情况应放弃计算分析指标的增减率,仅分析其绝对数值的变动情况。

7. 比率分析法的概念、一般步骤和局限性是什么?

答:(1) 比率分析法是将某些彼此相关的财务指标相互比较,求出比率,用以分析和评价企业财务状况和经营成果的一种分析方法。在财务报表分析中,比率分析法又称为垂直分析法。比率分析法是企业财务分析最基本的分析方法,它通过单项指标间的比率计算,揭示出企业财务状况和经营成果的构成与质量。所谓比率,实际上就是一个相对数,通常有百分率、比值、倍数、系数、分数等表现形式。

(2) 运用比率分析法进行企业财务分析的方法一般分为两步:

第一步,利用相对数基本计算公式,将有关指标由绝对数转换为相对数;

第二步,将计算得到的相对数与比较标准进行比较,以确认相对数指标的状况,并由此判断企业财务状况和经营成果的优劣。比较标准包括预期标准、历史标准、行业标准和公认标准等。

从上述步骤可以看出,比率分析法实际上是比较分析法的一种类型,是比较分析法的相对数指标比较分析。

(3) 比率分析法的局限性。比率分析法是企业财务分析中用途很广的分析方法,通过比率分析法可以获得许多企业财务状况及经营管理方面的信息。但是,财务报表自身的局限性和比率分析法自身的局限性,导致比率分析法在具体应用中具有很难避免的局限性。

① 财务报表自身的局限性。财务报表自身的局限性主要表现为:不同的会计政策和会计处理方法会对财务报表产生不同的影响;财务报表并没有完全反映企业的经济信息和可以利用的经济资源;受历史成本的制约,财务报表难以反映现实及未来的资产价值;财务报表信息可能会受到人为操纵因素的影响。

② 比率分析法自身的局限性。比率分析法自身的局限性主要表现为:比率分析法只是对财务指标进行比较,没有涵盖财务指标以外的其他经济信息;有些财务比率缺乏科学性和严谨性;财务比率信息可能会受到人为操纵因素的影响。

8. 趋势分析法的概念、一般步骤和分析时应注意的事项是什么?

答:(1) 趋势分析法又称动态比率分析法,是将企业连续几个期间的财务信息进行定基对比和环比对比,得出有关财务指标的增减变动方向、数额和幅度,以揭示企业财务状况、经营成果、变化规律及发展趋势的一种分析方法。在财务报表分析中,趋势分析法又称水平分析法。

(2) 趋势分析法的一般步骤是:

① 计算趋势比率或指数。从广义上讲,任何两个数值对比形成的相对数都可以称为指数;从狭义上讲,指数是用于测定多个项目在不同场合下综合变动的一种特殊相对数;

② 比较分析计算结果。根据指数分析计算结果分析、判断企业有关财务指标的变动趋势及其合理性;

③ 揭示未来发展趋势。根据企业各期指数变化情况,研究、揭示企业财务状况、经营成果变化规律及发展趋势。

(3) 在采取趋势分析法时,必须注意以下事项:

① 用于趋势对比的各个时期的指标,在计算口径上必须保持一致性;

② 应剔除偶发性因素的影响,使用于分析的数据能反映正常的经营状况;

③ 对某项有显著变动的指标要做重点分析,研究其产生的原因,以便采取对策,趋利避害;

④ 可以利用坐标图等方法工具,使分析结果更加直观。

9. 连环替代法的程序是什么?

答:第一步,确定分析目标;

第二步,确定影响分析指标的各个因素;

第三步,确定分析指标与各因素之间的关系;

第四步,列出分析指标、基准指标和分析对象的计算公式;

第五步,连环顺序替代,计算替代结果;

第六步,检验因素分析结果。

10. 运用因素分析法时应注意的事项有哪些?

答:在运用因素分析法时必须注意以下四个方面的问题:

(1) 因素分解的关联性。构成经济指标的因素,必须在客观上存在着因果关系,要能够反映形成该项指标差异的内在构成原因,否则就失去了其存在价值。

(2) 因果替代的顺序性。替代因素时,必须按照各因素的依存关系,排列成一定的顺序并依次替代。一般替代顺序是:先替代数量因素,后替代质量因素;先替代用实物量、劳动量表示的因素,后替代用价值量表示的因素;先替代主要因素、原始因素,后替代次要因素、派生因素;在除式关系中,先替代分子,后替代分母。

(3) 替代顺序的连环性。连环替代法在计算每一个因素变动的影响时,都是在前一次计算的基础上进行,并采用连环比较的方法确定因素变化的影响结果。因为只有保持计算程序上的连环性,才能使各个因素影响之和等于分析指标变动的差异,以全面说明分析指标变动的原因。

(4) 计算结果的假定性。连环替代法计算的各因素变动的影响数,会因替代计算顺序的不同而有所差别,因而计算结果难免带有假定性。即它不可能是每个因素计算的结果,都能达到绝对准确。它只是在某种假定前提下的影响结果,离开了这种假定前提条件,也就不会是这种影响结果。因此,在进行企业财务分析时,分析人员应当力求使这种假定合乎逻辑,使计算结果的假定性不影响分析结果的准确性和可比性。

第二章　财务分析信息

(一) 单项选择题

1. B　2. C　3. D　4. C　5. A　6. D　7. D　8. B　9. D　10. B

(二) 多项选择题

1. ABCDE　2. ABDE　3. BCDE　4. DE　5. ABDE　6. ABC　7. BCE　8. BD　9. BCE

(三) 案例分析题

(1) 资产负债表是反映企业在某一时点财务状况的会计报表,为财务分析提供下列信息:企业的偿债能力信息;企业财务弹性信息;企业资源占用情况信息。

(2) 吉吉德公司。

(3) 克雷公司。

(4) 根据目前的会计准则要求,就同一性质的经济业务企业可以根据实际自身需要选择不同的会计处理方式,还可以采用一定的会计估计方法。这样就为企业操纵会计报表数据留下一定空间,减少财务信息的公信力,因此,在利用财务报表信息进行财务分析时,应对原有报表数据内容进行修正后才可以作为决策的基础。

(四) 思考题

1. 财务分析的信息种类及其作用是什么?

答:进行财务分析的信息是多种多样的,不同的分析目的,不同的分析内容,所使用的财务信息可能是不同的。因此,从不同角度看,财务分析信息的种类是不同的。

(1) 内部信息与外部信息。财务分析的信息按信息来源可分为内部信息和外部信息两类。所谓内部信息是指从企业内部取得的财务信息。外部信息则是指从企业外部取得的财务信息。

(2) 定期信息与不定期信息。财务分析信息根据取得的时间的确定性程度可分为定期信息和不定期信息。定期信息是指企业经常需要的可定期取得的信息。不定期信息则是根据临时需要搜集的信息。

(3) 实际信息与标准信息。财务分析信息根据实际发生与否可分为实际信息和标准信息。实际信息是指反映各项经济指标实际完成情况的信息。标准信息是指用于作为评价标准而搜集与整理的信息,如预算信息、行业信息等。

财务分析的作用是：

(1) 财务分析信息是财务分析的基本依据。财务分析实际上就是对财务信息的分析，如要分析企业的资产、负债和所有者权益状况，就必须有资产负债表的信息，而要分析企业的盈利状况，就需要有利润表的信息等等。

(2) 搜集和整理财务分析信息是财务分析的重要步骤和方法之一。从一定意义上说，财务分析信息的搜集与整理过程，就是财务分析的过程。

(3) 财务分析信息的数量和质量决定着财务分析的质量与效果。正因为财务分析信息是财务分析的基本依据和基本环节，因此，财务分析信息的准确性、完整性、及时性，对提高财务分析的质量和效果是至关重要的。

2. 财务分析信息的要求是什么？

答：(1) 可靠性。可靠性要求企业应当以实际发生的交易或者事项为依据进行确认、计量和报告，如实反映符合确认和计量要求的各项会计要素及其他相关信息，保证分析信息真实可靠、内容完整。

(2) 相关性。相关性要求企业提供的会计信息应当与投资者等财务报告使用者的经济决策需要相关，有助于投资者等财务报告使用者对企业过去、现在或者未来的情况作出评价或者预测。

(3) 可理解性。可理解性要求企业提供的会计信息应当清晰明了，便于投资者等财务报告使用者理解和使用。

(4) 可比性。可比性要求企业提供的会计信息应当相互可比。这主要包括两层含义：①同一企业不同时期可比；②不同企业相同会计期间可比。

(5) 实质重于形式。实质重于形式要求企业应当按照交易或者事项的经济实质进行会计确认、计量和报告，不仅仅以交易或者事项的法律形式为依据。企业发生的交易或事项在多数情况下其经济实质和法律形式是一致的，但在有些情况下也会出现不一致。

(6) 重要性。重要性要求企业提供的会计信息应当反映与企业财务状况、经营成果和现金流量有关的所有重要交易或者事项。

(7) 谨慎性。谨慎性要求企业对交易或者事项进行会计确认、计量和报告时保持应有的谨慎，不应高估资产或者收益、低估负债或者费用。

(8) 及时性。及时性要求企业对于已经发生的交易或者事项，应当及时进行确认、计量和报告，不得提前或者延后。会计信息的价值在于帮助所有者或者其他方面做出经济决策，具有时效性。

(9) 完整性。财务分析主要依据的是财务报表，但不仅仅限于财务报表，财务分析信息必须在数量和种类上满足财务分析目的的需要。报表与报表间，数据与数据间，有着某种内在的联系，如果缺少需要的某些信息，就会影响分析结果的正确性。

(10) 系统性。财务分析信息的数量繁多，种类庞杂，时间延续性强，因此，一方面要对分析信息进行科学的分类，将同类型的信息归类保管，分门别类地满足不同财务分析主体的需要；另一方面要保持分析信息的连续性，特别在进行趋势分析时，分析信息在时间上的连续性则尤其重要。

3. 财务分析评价标准有哪些，其优缺点是什么？

答：(1) 经验标准。经验标准是指这个标准的形成依据大量的实践经验的检验。其优点是相对稳定客观；缺点是并非广泛适用，随时间的推移而变化。

(2) 历史标准。历史标准是只以企业过去某一时间的实际业绩为标准。其优点：①比较可靠，是企业曾达到的水平；②具有较高的可比性。其缺点：①比较保守，因为现实要求与历史要求可能不同；②适用范围较窄，不能全面评价企业在同行业中的地位与水平。

(3) 行业标准。行业标准是按行业水平制定的，反映行业财务状况和经营状况的基本水平。其优点：①说明企业在行业中所处的地位与水平；②还可以判断企业的变动趋势。其缺点：①同行业中的两家公司不一定是可比的；②一些大的公司现在往往是跨行业经营，公司经营业务不同可能有着不同的盈利水平和风险程度,采用行业标准不适合;③应用行业标准还受企业采用的会计方法的限制,影响成本的水平。

(4) 预算标准。预算标准是指企业根据自身经营条件或经营状况所制定的目标标准。其优点:①比较全面地反映企业的状况;②可考核、评价企业各级、各部门经营者的经营业绩,以及对企业总体目标实现的影响。其缺点:①预算标准对于外部财务分析的作用不明显;②预算标准的确定也受人为因素影响,缺乏客观依据。

4. 财务报表与财务效率的关系是什么?

答:财务报表包括动态报表和静态报表,它不仅能直接反映筹资活动、投资活动、经营活动和分配活动的状态或状况,而且可间接揭示或通过财务分析揭示财务活动的效率或能力,包括盈利能力、营运能力、偿债能力和增长能力。

盈利能力是指企业投入一定资源所取得利润的能力。根据不同的资源投入,盈利能力可分为资本经营盈利能力,即利润与所有者权益之比;资产经营盈利能力,即利润与总资产之比;商品经营盈利能力,即利润与成本费用之比。

营运能力是指企业营运资产的效率。根据不同的资产范围,营运能力可分为全部资产营运能力,如总资产周转率等;流动资产营运能力,如流动资产周转率和存货周转率等;固定资产营运能力,如固定资产收入率等。

偿债能力是指企业偿还本身所欠债务的能力。根据偿债期长短可分为短期偿债能力,如流动比率、速动比率等;长期偿债能力,如资产负债率、利息保证倍数等。

增长能力是指企业保持持续发展或增长的能力。根据影响增长能力的因素可分为销售增长能力,如销售增长率;资本增长能力,如资本积累率及资本增长率;可持续增长能力,如可持续增长比率。

上述各种能力是企业财务运行效率的体现,而财务效率的计算与分析离不开财务报表。

5. 企业财务活动的具体目标是什么?

答:企业追求财务目标的过程正是企业进行财务活动的过程,这个过程包括筹资活动、投资活动、经营活动和分配活动。企业筹资活动过程是资本取得的过程,包括自有资本(所有者权益)和借入资本(负债)。企业在筹资活动中或在取得资本时,要考虑资本成本、筹资风险、支付能力、资本结构等因素。筹资活动的目的在于以较低的资本成本和较小的风险取得企业所需要的资本。企业投资活动过程是资本的使用过程或资产的取得过程,包括流动资产、固定资产、长期投资、无形资产等。企业在投资活动过程中,要考虑投资收益、投资风险、投资结构及资产利用程度等因素。投资活动的目的在于充分使用资产,以一定的资产、较小的风险取得尽可能大的产出。企业经营活动过程是资本的耗费过程和资本的收回过程,包括发生各种成本费用和取得各项收入。企业在经营活动中,要考虑生产要素和商品或劳务的数量、结构、质量、消耗、价格等因素。经营活动的目的在于以较低的成本费用,取得较多的收入,实现更多的利润。企业分配活动过程是资本退出经营的过程或利润分配的过程,包括提取资本公积和盈余公积,向股东支付股利和留用利润等。企业在分配过程中,要考虑资本需要量、股东利益、国家政策、企业形象等因素。分配活动的目的在于兼顾各方面利益,使企业步入良性循环的轨道。

6. 财务报表具体是由哪些报表组成的? 这些报表分别为财务分析提供哪些有用的信息?

答:资产负债表、利润表、现金流量表、所有者权益变动表是财务报告重要的组成部分,它们为财务分析提供可供参考的重要信息。

(1) 资产负债表。

第一,提供企业的偿债能力信息。偿债能力是指企业以其资产偿付债务的能力,短期偿债能力主要体现在资产的流动性上。

第二,提供企业财务弹性信息。财务弹性指标反映企业两个方面的综合财务能力,即迎接各种环境挑战、抓住经营机遇的适应能力,包括进攻性适应能力和防御性适应能力。

第三,提供企业资源占用情况信息。企业经营业绩主要取决于其获利能力,企业获利能力大小,直接影响到企业盈利水平及其稳定的增长,也关系到能否向债权人还本付息和向投资者支付较高股利。

(2) 利润表。

第一,提供反映企业财务成果的信息。企业的财务成果,即企业的实现利润,是企业经营的根本目标所在,是企业经营者、投资者以及长期债权者都十分关心的信息。

第二,提供反映企业盈利能力的信息。企业盈利能力是企业投资者和经营者都非常关心的问题。

第三,提供反映企业营业收入、成本费用状况的信息。

第四,提供企业经营业绩结构的信息。

(3) 现金流量表。

第一,提供企业资金来源与运用的信息。

第二,提供企业现金增减变动原因的信息,特别是通过对经营现金流量、投资现金流量和筹资现金流量的揭示,可以搞清企业现金增减变动的具体原因,不仅可以明确企业当期现金增减的合理性,而且可为改善企业资金管理指明方向。

第三,提供资产负债表和利润表分析所需要的信息。

第四,提供企业经营业绩结构的信息。

(4) 所有者权益变动表。

第一,提供不同活动对所有者权益变动产生影响的信息,能够清晰明确地反映引发所有者权益变动的原因。

第二,为了解所有者权益的内部结构变动提供信息。

第三,为利润表和资产负债表提供辅助信息。

第四,提供企业全面收益的信息。

7. 非财务信息的内容及其特点是什么?

答:非财务信息是指以非财务资料形式出现与企业的生产经营活动有着直接或间接联系的各种信息资料,一般而言,不在财务报表上反映的信息内容大都可以认定为非财务信息,它客观存在于经济系统的信息传递过程中。非财务信息主要有:背景信息、经营业绩说明、管理部门的分析讨论、前瞻性信息、社会责任、核心竞争力及持续发展等信息。与财务信息相比,非财务信息具有以下特点:①空间上的广泛性;②时 间上的延续性;③非货币性;④真实性。

第三章　资产负债表分析

(一) 单项选择题

1. A　2. C　3. B　4. C　5. A　6. D　7. B　8. D　9. A　10. C　11. C　12. B　13. D　14. C　15. A

(二) 多项选择题

1. ABCD　2. ABCE　3. ABCDE　4. ABC　5. ABCE　6. ABCE　7. ABCDE　8. ABCD　9. ABDE　10. ABCE　11. BDE　12. ACE　13. ABCD　14. ABCD　15. BE

(三) 计算分析题

1. (1) 2021 年资产总额比 2020 年年末增加了 30 000 元,增幅为 13.64%。其中流动资产增加 10 000 元,增幅为 12.5%,主要原因是存货余额大幅增长,但速动资产减少了 2 000 元,减幅为 6.67%;同时,2021 年新增固定资产净额 20 000 元。

(2) 分析负债项目变化的原因:负债中的流动负债增加 15%,主要原因是存货占用的短期资金增加;长期负债增加 25%,主要原因是新增固定资产投资占用长期资金增加。

(3) 分析所有者权益项目变化的原因:所有者权益增加 19 000 元,增幅为 11.88%,主要原因是盈余公积增加 50%,未分配利润上升 83.33%,也就是说主要是由于企业盈利大幅度上升,使得留存收益快速增加导致的。

(4) 该公司应该采取的改进措施:公司2014年末的流动比率为90 000÷46 000=1.96,但速动比率只有0.61,说明公司资产的短期流动性不足,存货有所积压,应采取措施加快存货周转,减少存货库存额,增加现金类资产,提高资产流动性,以便债务到期时有足够的变现能力来偿还负债。

2. ABC股份公司这三年的营业收入不断上升,与此同时应收账款规模也在不断增加,但营业收入增长率始终大于同期的应收账款增长率。另外,应收账款占总资产的比重、应收账款占营业收入的比重均呈逐年下降趋势。因为过高的应收账款会给企业带来极大的信用风险,所以从应收账款整体趋势来看,该公司在三年里很可能加大了回款力度,到2021年已初见成效。

3. (1) 对存货变动情况进行分析评价,如附表3-1所示。

附表3-1 存货变动情况分析表 金额单位:万元

项目	期初	期末	变动额	变动率/(%)
材料	1 880 000	2 366 450	486 450	25.88
在产品	658 000	517 000	−141 000	−21.43
自制半成品	1 325 400	1 379 450	54 050	4.08
产成品	1 015 200	775 500	−239 700	−23.61
合计	4 878 600	5 038 400	159 800	3.28

从存货变动情况来看,存货期末比期初增长3.28%,主要是材料增长25.88%所引起的,产成品期末比期初减少23.61%,可见,该企业销路顺畅。由于销售情况较好,在产品减少了21.43%,为了保障生产的连续性,因此原材料大量增长。

(2) 对存货结构进行分析评价,如附表3-2所示。

附表3-2 存货结构分析表 金额单位:万元

项目	期初	期末	变动情况/(%)		
			期初	期末	差异
材料	1 880 000	2 366 450	38.54	46.97	8.43
在产品	658 000	517 000	13.49	10.26	−3.23
自制半成品	1 325 400	1 379 450	27.17	27.38	0.21
产成品	1 015 200	775 500	20.81	15.39	−5.41
合计	4 878 600	5 038 400	100.00	100.00	0

从存货结构来看,材料比重最高,其次是自制半成品,在产品比重最低。与期初相比期末产成品存货比重下降5.42%,可见,销售情况很好。在产品比重期末与期初相比比重在下降,保证生产连续性已成为企业主要问题,因此企业本期大量购入原材料,使得材料存货比重上升最大为8.43%。

4. (1) 四家公司现金占总资产比重都较高,这反映了计算机行业特征,与该行业的商业模式相关;

(2) D公司的应收账款占总资产比重相对较低,需要结合其他资料进一步分析原因,到底是销售模式不同还是出售应收账款导致的。

(3) 在进行财务分析时,发现存货水平过低,在排除先进的存货管理模式这一原因外,需考虑存货采购成本以及是否产生缺货影响正常生产。

(4) A和C公司应付账款所占比重较高,因A公司持有较高比重的现金,其支付应付账款可能不存在问题:但是C公司也许存在相应问题,需进一步分析现金流量。

(5) A、B和D公司的长期负债占总资产比重较低,C公司相对较高,需进一步分析C公司的长期偿债能力风险。

5. 附表 3-3 是 A 公司比较资产负债表。

附表 3-3　A 公司比较资产负债表

金额单位:万元

项　　目	2020 年	2021 年	2021 年比 2020 年增减	
			差额	百分率
流动资产:				
速动资产	500	620	120	24.00%
存货	800	900	100	12.50%
固定资产净额	1 400	1 600	200	14.29%
资产总计	2 700	3 120	420	15.56%
负债:				
流动负债	300	400	100	33.33%
长期负债	100	120	20	20.00%
所有者权益:				
股本	1 800	1 800	0	0
资本公积	100	200	100	100.00%
盈余公积	200	300	100	50.00%
未分配利润	200	300	100	50.00%
负债和所有者权益合计	2 700	3 120	420	15.56%

从资产的变动情况看,总资产有较快的增长,主要原因是各项资产增长较快,固定资产的增加较快,说明企业生产能力增加,存货的较大增长,可能由于新设备投产引起的,有待进一步调查分析;速动资产增加,说明购买固定资产设备和存货并未使企业的现金和有价证券减少;从负债和所有者权益看,股本没有变动,企业增加生产能力,投资人并未追加投资,盈余公积和未分配利润的大大增加,说明企业有较大的盈利,实现资本的保值增值。

(四) 案例分析题

1. 案例一分析提示:

(1) 对资产质量分析的要点。

本案例涉及对资产质量的分析问题。资产按照其变现能力可以分为流动资产和非流动资产(长期资产)。但是,这种分类并不能进一步揭示资产的质量。为了揭示资产的质量,有必要考虑资产按照质量的分类。

那么,什么是资产的质量呢?

资产的质量,是指资产的变现能力、被企业在未来进一步利用或与其他资产组合增值的能力。资产质量的好坏,主要表现为资产的账面价值量与其变现价值量被进一步利用的潜在价值量(可以用资产的可变现净值或公允价值来计量,或与其他资产组合增值后的价值)之间的差异上。

资产按照其质量可以分为以下几类:

① 按照账面价值等金额实现的资产。按照账面价值等金额实现的资产,主要包括企业的货币资金。这是因为,作为充当一般等价物的特殊商品,企业的货币资金会自动地与任一时点的货币购买力相等。因此,企业在任一时点的货币资产,均会按照账面等金额实现其价值。

② 按照低于账面价值的金额贬值实现的资产。按照低于账面价值的金额贬值实现的资产,是指那些

账面价值量较高，而其变现价值量或被进一步利用的潜在价值量（可以用资产的公允价值来计量）较低的资产。这类资产主要包括：

a. 短期债权。这里的短期债权，包括应收票据、应收账款和其他应收款等。由于存在发生坏账的可能性，短期债权一般要以低于账面的价值量进行回收。企业计提的坏账准备虽然在一定程度上考虑了短期债权的贬值因素，但是，从大多数企业计提坏账准备的方法来看，大多采用应收账款余额百分率法（较为详细的企业则采用账龄分析法）或销售收入百分率法。但是，这种分析仍然难以恰当地反映债权资产的质量。这是因为，不论采用何种方法，均需确定计提坏账准备的百分率。受各种因素的制约，企业对坏账准备计提的百分率的确定不一定能够反映债权的贬值程度——整齐划一的一个或若干个坏账计提百分率恰恰忽略了决定债权质量的首要方面：特定债务人的偿债能力。

b. 部分短期投资。短期投资，是指能够随时变现并且持有时间不准备超过 1 年的投资。尽管短期投资的初始目的的持有期不超过 1 年，但是，如果企业的短期投资实际持有期超过 1 年时，该投资仍应作为短期投资处理。除非企业已经将其改为长期持有目的。

在企业的报表披露上，短期投资可以计提投资损失（即投资跌价）准备。企业计提的短期投资损失（即投资跌价）准备，反映了企业对其自己的短期投资跌价（贬值）的认识。在存在公开市场的情况下，企业资产负债表日有关证券的收盘价可以作为企业计提的短期投资损失（即投资跌价）准备参照资料。应该说，以此参照资料计提的短期投资损失（即投资跌价）准备，比较恰当地反映了企业短期投资的贬值或跌价的程度。

c. 部分存货。在企业的报表披露上，存货可以计提损失（即跌价）准备。企业计提的存货损失（即投资跌价）准备，反映了企业对其自己的存货跌价（贬值）的认识。因此可以说，存货跌价损失准备反映了企业对其存货贬值程度的认识水平和企业可接受的贬值水平。对于信息使用者而言，在对存货质量进行分析、判断时，还应结合对企业存货构成的分析、存货周转率的分析以及现金流量表中经营活动现金流量中“销售商品、提供劳务收到的现金”金额与利润表中“销售收入”或“营业收入”金额的对比情况进行综合分析。

d. 部分长期投资。长期投资是指短期投资以外的投资。也就是说，长期投资是企业持有的不准备随时变现、持有期超过 1 年以上、因对外出让资产而形成的股权或债权。

为了揭示企业长期投资的贬值因素，企业可以在其资产负债表中计提长期投资减值准备。同样，长期投资减值准备反映了企业对其存货贬值程度的认识水平和企业可接受的贬值水平。对于信息使用者而言，在对长期投资质量进行分析、判断时，还应结合对企业长期投资与方向构成的分析、报表附注中对长期投资减值准备的计提说明、利润表中投资收益与投资规模的联系的分析、现金流量表中投资活动现金流量中“分得股利或利润所收到的现金”、“取得债券利息收入所收到的现金”金额与利润表中投资收益金额的对比情况进行综合分析。

e. 部分固定资产。固定资产体现了企业的技术装备水平。在企业持续经营的条件下，企业一般不会将其正在使用中的固定资产对外出售。因此，企业固定资产的质量主要体现在被企业进一步利用的质量上。

但是，在历史成本原则下，持续经营企业的资产负债表通常将提供固定资产的原值、累计折旧以及固定资产净值。受企业折旧政策的制约，企业披露的固定资产净值不可能反映在资产负债表日，相应固定资产对企业的实际“价值”。

实际上，企业的固定资产中，有相当一部分将在未来增值，如企业的房地产等。同时，企业也有相当一部分固定资产正在快速贬值，如技术含量较高、技术进步较快的高科技资产。但是，正在贬值的资产的贬值量与正在增值的资产的增值量不存在恰好相等的关系。

因此，在对企业固定资产的质量进行分析时，应当结合企业固定资产的构成、已经使用年限、企业的折旧政策等进行综合分析。

f. 纯摊销性的“资产”。纯摊销性的“资产”，是指那些由于应计制原则的要求而暂作“资产”处理的有关项目，包括待摊费用、长期待摊费用等项目。应该说，除个别内容有可能包含对企业未来有利的资产性质的内容外，上述项目的主体并不能为企业未来提供实质性帮助，没有实际利用价值。因此，上述各项“资产”的实际价值趋近于零。

③ 按照高于账面价值的金额增值实现的资产。按照高于账面价值的金额增值实现的资产，是指那些账面价值量较低，而其变现价值量或被进一步利用的潜在价值量（可以用资产的可变现净值或公允价值来计量）较高的资产。这类资产主要包括：

a. 大部分存货。对于制造业企业和商品流通企业，其主要经营与销售的商品就是企业的存货。因此，企业的大部分存货应该按照高于账面价值的金额增值实现。但是，财务会计的历史成本原则与稳健原则均要求企业对这部分存货资产以较低的历史成本来对外披露。

b. 部分对外投资。从总体上来说，企业的对外投资应该实现增值。同样，财务会计的历史成本原则与稳健原则均要求企业对那些能够增值的对外投资以较低的历史成本来对外披露。

c. 部分固定资产。前已述及，企业的部分固定资产可以增值。同样，财务会计的历史成本原则与稳健原则均要求企业对那些能够增值的固定资产以较低的历史成本来对外披露。

d. 账面上未体现净值，但可以增值实现的“表外资产”。账面上未体现净值，但可以增值实现的“表外资产”，是指那些因会计处理原因或计量手段的限制而未能在资产负债表中体现净值，但可以为企业在未来作出贡献的资产项目。主要包括：

第一，已经提足折旧但企业仍然继续使用的固定资产。已经提足折旧但企业仍然继续使用的固定资产，在资产负债表上由于其历史成本与累计折旧相等而未能体现出净值。企业的建筑物以及设备、生产线等有可能出现这种情况。这类资产由于其对企业有未来利用价值，因而是企业实实在在的资产。

第二，企业正在使用，但已经作为低值易耗品一次摊销到费用中去、资产负债表上未体现价值的资产。与已经提足折旧但企业仍然继续使用的固定资产一样，企业正在使用，但已经作为低值易耗品一次摊销到费用中去、资产负债表上未体现价值的资产，由于其对企业有未来利用价值，因而是企业实实在在的资产。

第三，已经成功的研究和开发项目的成果。企业的研究和开发支出，一般作为支出当期的费用处理。这样，已经成功的研究和开发项目的成果，将游离于报表之外而存在。这种情况经常出现于重视研究和开发、历史悠久的企业。

第四，人力资源。毋庸置疑，企业的人力资源是企业最重要的一项无形资产。遗憾的是，目前财务会计还难以将人力资源作为一项资产纳入企业的资产负债表。因此，了解、分析企业人力资源的质量只能借助于非货币因素的分析。

上述分析表明，对企业资产质量的整体把握，应当结合表内因素与表外因素综合分析。

（2）对案例资料的具体分析。

A方财务顾问的认识完全正确。这是因为，资产的价值具有相对性。对应于不同的企业（会计主体），资产会有不同的可利用状态，从而会表现出不同的价值。一项经济资源，在某个企业中可能在未来有利用价值，因而可以被认为是资产。但同样的一项经济资源，如果对另外一个企业在未来没有可利用价值，就不可以被确认为资产。

本例中，对于D企业而言，其品牌、销售网络、管理模式、技术等因素均会对其未来有实实在在的贡献，因而从一般意义上来说，它们均可以被看作是D企业的表外无形资产因素。

但是经过认真分析，我们就会发现，即使对D企业来说，上述因素中的某些内容能否算作“资产”也已经成了问题：现有的销售网络，已经给D企业带来了50%的债权损失，这种近乎瘫痪的销售网络恰恰成了企业资不抵债的重要推动因素；企业的管理模式，主要由企业现有组织结构及其相互联系、企业的决策程序、内部控制系统等内容构成。管理模式的价值，主要体现在现有企业的活动是否顺畅、是否具有应有的效益、是否与实现企业的目标保持一致。然而，D企业恰恰是在具有十余年历史的条件下处于较为严重的资不抵债状态，这种状态显然是一种企业迅速走下坡路的状态。这种状态从C企业主动要将D企业大方地“赠送”给未来的合资企业的举动中已经得到了验证。因此，对于D企业而言，其管理模式也是一种不成功的模式，对D企业本身的价值是：带领企业走向资不抵债。

因此,D企业的销售网络和管理模式因素,不能对未来的合资企业带来价值,因而不能被未来的合资企业作为资产接受。至于D企业现有产品的品牌和技术因素在被"赠送"给未来的合资企业后还能不能算作"资产"因素,关键要看其对于未来的合资企业能否做出实际贡献。

从资料来看,上述诸因素中,D企业自己所拥有的在国内销售的产品品牌形象因素,由于未来的合资企业的产品将全部用某外国品牌出口而不会对合资企业产生实际贡献,因而不能被视为未来合资企业的"资产"因素;D企业与现有生产线相关的技术因素,由于未来的合资企业引进全套生产线也不可能对未来的合资企业做出贡献,因而也不可能被合资企业确认为资产。

2. 案例二分析提示:

从全聚德2009—2018年的十年数据来看,流动资产与非流动资产结构比例前五年与后五年差异较大,前五年流动资产基本保持在非流动资产的50%以下,后五年则快速增长,除2014年0.86外,其余四年流动资产均超过非流动资产,达到2018年底最高1.45倍,其资产结构中流动资产比例不断上升,而且可以预见,在经营每年相对持平稳定的状态下,累计历年留存收益不断增加,流动资产的比例会持续上升。

从全聚德十年的资本结构数据看,其资本结构属于稳健型资本结构,流动比率始终大于1,且不断上升至2018年的2.93倍;资产负债率整体水平较低、基本控制在30%以下的情况下,呈现逐年缓慢不断下降趋势,并在近几年保持在20%左右,整体财务风险较小;同时,负债中绝大部分为流动负债,而公司货币资金占流动资产比例持续增加,截至2018年年底为83%,达到近10亿元,现金持有量远远超过流动负债,短期支付能力强,财务风险极低。

3. 案例三分析提示:

存货是指企业在日常活动中持有以备出售的产成品或商品、处在生产过程中的在产品、在生产过程或提供劳务过程中耗用的材料、物料等。

(1) 供应商是否关联、集中、变化。

原材料是企业存货的重要组成部分,企业可能通过关联方低价采购原材料,从而减少营业成本,提高企业利润,也可能为了匹配虚假收入而从关联方虚假采购原材料。

首先,全部关联供应商,查看采购定价是否公允,更为重要的是,应重点核查前十大供应商,查看企业是否隐瞒关联供应商,如果发现供应商在价格、付款方式、信用账期等方面与其他供应商存在明显差异,则可能存在一定的关联关系。

其次,企业供应商集中程度,是否存在对某一供应商重大依赖。

对于主要原材料,企业一般选择两个以上供应商,以防对某一供应商形成重大依赖,这样既可以对原材料采购价格拥有一定话语权,又不至于因某一供应商发生供货紧张而影响企业正常生产经营。企业在正常生产经营过程中,应保持重要供应商的稳定性,以保证原材料在价格、品质、供货及时性等方面的稳定。前五大供应商的变动情况,分析是因供应商原因而被动更换,还是企业主动更换供应商,重点关注新进供应商是否与企业存在关联关系。

(2) 盘点结果是否异常。

存货管理良好的企业,盘点时应当账实相符。若是存货盘亏,即账面数大于实物数,则可能是企业少结转存货,少计成本,增加利润,该情况会导致毛利率提高。若是存货盘盈,即账面数小于实物数,则可能是企业为了匹配虚增的收入而多结转存货,以保持毛利率稳定。存货盘点异常是企业可能存在财务造假的重要信号。

应深入分析盘点异常的原因:对比毛利率等指标,查看入库单、出库单等原始单据,判断企业是否存在财务造假。

(3) 料工费构成是否合理。

对于已量产的产品,除非发生重大技术革新,其料工费构成应比较稳定,同时与同行业公司的产品应具有可比性。企业可能通过体外支付生产人员工资、车间水电费等方式降低产成品成本,虚增利润。

产品的料工费占比,在报告期内是否有重大变化,报告期内与报告期前是否有重大变化,并与同行业公司对标产品的料工费构成进行对比，判断是否存在虚减料工费情况。

(4) 发出商品结转时间是否合理。

在客户未验收前，企业出库的产品应计入发出商品科目，仍作为企业存货核算，在客户验收后，企业应及时确认收入并结转成本，将发出商品转入营业成本。企业为了呈现营业收入稳定增长的状态，可能人为调整发出商品结转成本时间。

报告期末前后一个月的发出商品结转情况，是否存在提前或延后结转情况，分析期末发出商品余额是否合理。

除检查入库单出库单等原始单据外，还应当对已在客户处但客户尚未验收的发出商品进行函证，并尽可能实地查看和盘点发出商品。

(5) 废料收入是否入账。

生产型企业在生产过程中一般会产生废料，对于以钢材等金属为主要原材料的企业来说，废料仍具有一定的价值。废料处置若产生收入，应计入其他业务收入。某些企业废料收入不入账，形成小金库用以支付无票支出，或直接被仓库管理人员私下处理。废料价值虽然占存货金额较小，但对其管理情况可反映出企业在存货管理方面的整体水平。另外，需关注企业对废料的处理情况，查看是否完整入账。

(6) 存货跌价准备计提及转回是否合理。

企业应当按存货可变现净值与成本孰低计量，当可变现净值低于成本时，应当计提跌价准备。通常情况下，若存货库龄较长、市场环境发生重大不利变化、技术发生重大革新等情况时，表明存货存在跌价的可能。存货跌价将直接导致利润减少，企业可能为了保持利润而不对存货计提足额跌价准备。此外，企业也可能在某一年计提大额存货跌价准备，俗称“洗大澡”，以便在未来几年不再计提跌价准备，或在未来通过跌价准备转回的方式增加当年利润。存货跌价准备可以在后期转回，但条件是以前减记存货价值的影响因素已消失，而不是在当期发生了其他因素导致可变现净值提高。

应核查存货是否存在跌价迹象，跌价计提金额是否准确，跌价转回是否合理。

(7) 存货内部控制是否完善。

存货涉及采购、生产等重要环节，企业应当在存货管理方面制定完善的内部控制制度并有效执行，否则将影响企业整体内部控制有效性，并对财务数据准确性造成重要影响。

应核查存货在采购、入库、在产品结转、出库等各环节的原始单据，查看金额、数量、时间是否准确，是否有相关人员签字审批，是否严格执行存货内部控制制度中的流程，判断存货内部控制是否完善。

（五）思考题

1. 计量属性有哪些？

答：计量属性是指所计量的某一要素的特性方面，如桌子的长度、铁矿的重量、楼房的高度等。从会计角度看，计量属性反映的是会计要素金额的确定基础，主要包括历史成本、重置成本、可变现净值、现值和公允价值等。

(1) 历史成本。又称为实际成本，就是取得或制造某项财产物资时所实际支付的现金或者其他等价物。在历史成本计量下，资产按照其购置时支付的现金或者现金等价物的金额，或者按照购置资产时所付出的对价的公允价值计量。

(2) 重置成本。又称现行成本，是指按照当前市场条件，重新取得同样一项资产所需支付的现金或现金等价物金额。

(3) 可变现净值。是指在正常生产经营过程中，以预计售价减去进一步加工成本和销售所必需的预计税金、费用后的净值。

(4) 现值。是指对未来现金流量以恰当的折现率进行折现后的价值，是考虑货币时间价值因素等的一种计量属性。

(5) 公允价值。根据准则最新修订，公允价值是市场参与者在计量日发生的有序交易中，出售一项资产所能收到或者转移一项负债所需支付的价格,即脱手价格。

2. 资产负债表是什么类型的财务报表,其作用是什么?

答:资产负债表是指反映企业在某一特定日期财务状况的报表。它反映企业在某一特定日期所拥有或控制的经济资源、所承担的现时义务和所有者对净资产的要求权。资产负债表只是一幅静态的画面,它只描述了它被发布那一时间点公司的财务状况。资产负债具有以下几方面的作用:

第一,可以提供某一日期资产的总额及其结构,表明企业拥有或控制的资源及其分布情况,使用者可以一目了然地从资产负债表上了解企业在某一特定日期所拥有的资产总量及其结构。由于不同形态的资产对企业的经营活动有不同的影响,因而对企业资产结构的分析可以就企业的资产质量作出一定的判断。

第二,可以提供某一日期的负债总额及其结构,表明企业要用多少资产或劳务清偿债务以及清偿时间。

第三,可以反映所有者所拥有的权益及组成,据以判断资本保值、增值的情况以及对负债的保障程度。

第四,通过对企业不同时点资产负债表的比较,可以对企业财务状况的发展趋势作出判断。可以肯定地说,企业某一特定日期(时点)的资产负债表对信息使用者的作用极其有限。只有把不同时点的资产负债表结合起来进行分析,才能把握企业财务状况的发展趋势。同样,将不同企业同一时点的资产负债表进行对比,还可对不同企业的相对财务状况作出评价。

3. 如何对企业货币资金进行财务分析?

答:在分析企业货币资金的时候要从以下几方面入手:

(1) 分析货币资金规模的合理性。分析企业货币资金规模的合理性,需要结合企业的以下多因素共同分析:第一,资产规模与交易量;第二,筹资能力;第三,运用货币资金的能力;第四,行业特点;第五,企业货币资金量。

(2) 分析货币资金变动的合理性。企业货币资金发生变动,可能基于以下原因:第一,销售规模的变动;第二,信用政策的变动;第三,为大笔现金支出做准备。当企业准备派发现金股利,偿还将要到期的巨额银行借款,或准备集中购货时,就会增加企业的货币资金规模。第四,资金调度。第五,所筹资金尚未使用。

(3) 注意货币资金的质量。分析现金质量时,需要注意如下几点:一是高质量的现金必须是不受限制的手持现金和存款,也就是说,必须是能够不受妨碍地用于偿付流动性债务的现金和存款;二是限于偿还特定短期债务的现金,往往仍然被反映为流动资产,但通常会同时揭示其限制用途,在确定企业的短期偿债能力时,必须将此类现金与相关的短期债务数额一并剔除;三是短期借款的补偿性存款,一般也列为流动资产,但它实际上减少了企业(即借款人)可用于偿还债务的现金量,因此,在进行现金质量分析时可以考虑剔除。

(4) 评价企业货币资金内部控制制度的完善程度及实际执行质量。从企业微观财务管理角度来看,企业在收支过程中内部控制制度的完善程度以及实际执行质量,直接关系到企业的货币资金运用质量。这里所说的企业货币资金收支过程中的内部控制制度,涉及企业货币资金收支的全过程。在货币资金的收入方面,由于收款主要由销售而引起,因此,与货币资金收入有关的内部控制制度主要应该涉及销售过程和具体的收款过程两个方面。

4. 对交易性金融资产的分析,应注意哪些方面?

答:(1) 分析交易性金融资产报表金额特点。交易性金融资产持有的目的就是通过短期的购入、售出有关证券来获利,其所使用的资金则是上市公司暂时闲置的货币资金。交易性金融资产具有容易变现、持有时间较短、盈利与亏损难以把握等特点。因此,在报表中,交易性金融资产具有金额经常波动、投资收益与亏损易变等特点。(2) 结合管理者意图对交易性金融资产的分类合理性进行审慎分析。

由于对资产的分类主要根据公司的投资意图,所以同一项投资可能既可以划分为交易性金融资产,也可以划分为可供出售金融资产或持有至到期投资。由于不同类别金融资产的计量,尤其是后续计量存在显著的差别,分类的差异将对公司资产质量及收益产生非常大的影响。比如企业持有的一项债券投资,由于利率下调，债券价格上升，如果该项投资被认为是交易性金融资产，则公司资产账面价值及收益将立刻反映市场的正面变化，如果该项投资被认为是可供出售金融资产，则这种积极变化仅仅反映在资产负债表中，而该项投资如果被认定为持有至到期投资，则这种变化对资产负债表及损益表都没有影响。尽管会计准则对金融资产的分类及重分类进行了严格的限定，但由于管理者的意图不断变化，也无法观察，企业在进行金融资产的分类时，可能会隐藏自己的真实意图，而根据分类本身对自身当期及未来财务状况的影响来确定。

5. 对应收账款(应收票据)的分析，应从哪些方面进行？

答：(1) 分析应收账款规模的合理性。

(2) 分析应收账款变动的合理性。

(3) 分析债务人的构成。利用债务人的构成分析来对应收账款的质量进行评价，可以从以下几个方面来进行：①从企业与债务人的关联状况来分析；②从债务人的稳定程度来分析；③从债务人的信用；④从债务人的行业构成来分析；⑤从债务人的区域构成来分析。

(4) 分析应收账款的账龄。可以通过会计报表附注中的账龄分析表所提供的数据来进行账龄分析。

6. 如何对存货进行分析？

答：存货是指企业在日常活动中持有以备出售的产成品或商品、处在生产过程中的在产品、在生产过程或提供劳务过程中耗用的材料、物料等。企业存货的取得主要是通过外购和自制两个途径。存货是流动资产的重要组成部分，对其分析主要从以下几方面进行：

(1) 对存货内部组成及变动情况分析。

(2) 对存货计价方法的分析。

① 存货发出计价方法的合理性及变更分析；② 存货的期末计价合理性分析。

(3) 通过关注存货毛利率和周转率之间的动态关系评价存货质量。

7. 如何对长期股权投资进行分析？

答：(1) 盈利性分析。长期股权投资项目的盈利性呈现较大的波动性，具体要依据其投资方向、年度内所发生的重大变化、投资所运用的资产种类、投资收益确认方法等诸多因素来确定。

① 长期股权投资方向对盈利性的影响。在考察长期股权投资方向时，应该考察投资方的投资方向及构成与其核心竞争力之间的关系。

② 长期股权投资年度内的重大变化对盈利性的影响。

③ 长期股权投资所运用资产种类对盈利性的影响。概括起来说，就长期股权投资所运用的资产种类而言，企业既可以用货币资金对外投资，用表内的非货币资源对外投资，还可以用表外的无形资产对外投资。

④ 长期股权投资收益确认方法对盈利性的影响。长期股权投资收益的确认，因其具有一定的特殊性而对企业长期股权投资的盈利性分析有重要影响。

⑤ 投资收益确认方法选择偏好对盈利性的影响。

(2) 变现性分析。对长期股权投资而言，该项目的账面金额与其可回收的金额之间有可能出现很大的差距，这使得长期股权投资的变现性也有可能会出现较大幅度的波动。此外，通过分析长期股权投资减值准备计提的情况，也可在一定程度上反映出该项目的变现性。

8. 如何对固定资产进行分析？

答：(1) 分析固定资产的变动。对于固定资产规模的变动情况可以通过分析固定资产原值、净值和净额的变动情况进行了解。

(2) 分析固定资产结构。固定资产结构分析应特别注意从以下三个方面：① 分析生产用固定资产与非生产用固定资产之间比例的变化情况；② 分析未使用和不需用固定资产比率的变化情况，查明企业在处置闲置固定资产方面的工作是否具有效率；③ 分析生产用固定资产的内部结构是否合理，需要注意的是要对固定资产的配置做出切合实际的评价，就必须结合企业的生产技术特点进行分析。

(3) 分析固定资产的规模。报表使用者可以通过行业经验以及将固定资产的规模变动与总资产和流动资产的规模变动进行比较,来判断企业固定资产规模及其变动的合理性。

(4) 分析固定资产有关的会计政策。固定资产有关的会计政策中,折旧是重点。企业选择折旧方法应从企业的实际情况出发,但是实际上企业往往利用折旧方法的选择,来达到调整固定资产净值和利润的目的。此外,要分析企业对固定资产净残值以及资产使用年限的估计是否符合国家有关规定,是否符合企业的实际情况。

9. 短期借款变动的原因主要有哪些?

答:短期借款发生变化,其原因不外乎两大方面:生产经营需要;企业负债筹资政策变化。其具体变动的原因可归纳为:

(1) 流动资产资金需要,特别是临时性占用流动资产需要发生变化。当季节性或临时性需要产生时,企业就可能通过举借短期借款来满足其资金需要,当这种季节性或临时性需要消除时,企业就会偿还这部分短期借款,从而造成短期借款的变化。

(2) 节约利息支出。一般来讲,短期借款的利率低于长期借款和长期债券的利率,举借短期借款相对于长期借款来说,可以减少利息支出。

(3) 调整负债结构和财务风险。企业增加短期借款,就可以相对减少对长期负债的需求,使企业负债结构发生变化。相对于长期负债而言,短期借款具有风险大、利率低的特点,负债结构变化将会引起负债成本和财务风险发生相应的变化。

(4) 增加企业资金弹性。短期借款可以随借随还,有利于企业对资金存量进行调整。

10. 如何对总资产、总权益规模变动及变动的原因进行分析?

答:(1) 分析总资产规模的变动状况以及各类、各项资产的变动状况,揭示出资产变动的主要方面,从总体上了解企业经过一定时期经营后资产的变动情况。

首先,发现变动幅度较大或对总资产变动影响较大的重点类别和重点项目,特别是发生异常变动的项目。其次要把对总资产影响较大的资产项目作为分析重点。该项目变动对总资产的影响,不仅取决于该项本身的变动程度,还取决于该项目在总资产中所占的比重。当某项目本身变动幅度较大时,该项目在总资产中所占比重较小,则该项目变动对总资产变动的影响就不会太大;反之,即使某个项目本身变动程度较小,如果其比重较大时,其影响程度也很大。

(2) 分析权益总额的变动状况以及各类、各项筹资的变动状况,揭示出权益总额变动的主要方面,从总体上了解企业经过一定时期经营后权益总额的变动情况。

首先,发现变动幅度较大或对权益总额变动影响较大的重点类别和重点项目,为进一步分析指明方向。其次,分析评价权益资金变动对企业未来经营的影响。在资产负债表上,资产总额等于负债和所有者权益总额之和,当资产规模发生变动时,必然要有相应的资金来源,如果资产总额的增长幅度大于股东权益的增长幅度,表明企业债务负担加重,这虽然可能是因为企业筹资政策变动而引起的,但后果是引起偿债保证程度下降,偿债压力加重。因此,不仅要分析评价权益资金发生了怎样的变动,而且要注意分析评价这种变动对企业未来经营的影响。最后,注意分析评价表外业务的影响。例如,按目前会计准则规定,资产负债表仅反映了企业按历史成本原则核算的现实负债,一个企业所承担的或有负债并不反映在资产负债表上,而这可能成为企业现实负债的事项及对企业财务状况可能产生的影响,也是分析评价时要特别关注的。

11. 资产结构与资本结构的适应性体现在哪些方面?

答:首先,企业资产报酬率应能补偿企业资本成本。从成本效益关系的角度来分析,只有当企业的资产报酬率(应当为企业的利息和税前利润与企业总资产之比)大于企业的加权平均资本成本时,企业才能在向资金提供者支付报酬以后使企业的净资产得到增加,企业净资产的规模得以扩大。反之,在企业的资产报酬率小于企业的加权平均资本成本时,企业在向资金提供者支付报酬以后,将缩减企业的净资产,企业净资产的规模将逐渐缩小。其次,资产结构的长短期构成与资金来源的期限构成相匹配。即企业的流动资产作为企业最有活力的资产,应能为企业偿还短期债务提供可靠保障;同时,短期资产由于其收益率较低,应主要由资本成本相对较低的短期资金来源提供支持;企业的长期负债由于其资金成本较高,应与企业的长期资产项目相匹配。只有这样的资产结构,才能保证企业有可能在允许的范围内将资本成本和财务风险降至最低水平,尽量避免"短贷长投"现象的发生,达到最佳的生产经营状态。最后,这种适应性要求企业在可承受的财务风险状态下运行。然而在某些情况下,企业也会出现另类的资产结构与资本结构的对应关系。例如,在竞争优势极其明显的情况下,企业通过采用预收账款方式销售、加速存货周转、赊购存货等方式运营,就会表现出流动资产小于流动负债的态势。在这种情况下,流动资产的规模低于流动负债,并不反映企业的短期偿债能力存在问题,而恰恰是企业竞争优势和商业信誉良好的表现。但这种运营管理也会潜藏一定的风险,一旦企业的资金链出现问题,就有可能因发生连锁反应而使企业陷入支付危机。

12. 从资产负债表所提供的信息的哪些方面能体现出企业战略?

答:(1) 资产结构与企业的资源配置战略。经营性资产包括货币资金、商业债权(包括应收票据和应收账款等)、存货、固定资产(包括在建工程等)、无形资产等。而投资性资产所占用的资源除了反映在交易性金融资产、可供出售金融资产、持有至到期投资、长期股权投资等项目以外,还反映在以提供经营性资金方式对子公司投资的其他应收款项目上。按照企业经营性资产与投资性资产各自在资产总规模中的规模大小,可以将企业区分为以经营性资产为主的经营主导型、以投资性资产为主的投资主导型和经营性资产与投资性资产比较均衡的投资与经营并重型。而经营主导型、投资主导型以及经营与投资并重型恰恰是企业发展战略的具体表现。

(2) 负债和股东权益与企业的资源利用战略。企业负债和股东权益构成了企业资产的来源渠道,其主要部分可以分成四类,即商业信用资源、借入资源、股东入资资源和股东留成资源。对这些资源的利用,体现的是企业的资源利用战略。

第四章 利润表分析

(一) 单项选择题

1. B 2. B 3. D 4. C 5. A 6. B 7. D 8. C 9. A 10. C 11. B 12. A 13. B 14. D 15. D

(二) 多项选择题

1. ABE 2. CDE 3. BCDE 4. ACD 5. BCDE 6. ABCE 7. ABCDE 8. ACE 9. ABC 10. AD 11. ABCDE 12. ABCD 13. BC 14. ABCDE 15. ABCD

(三) 计算分析题

1. (1) 利润定比趋势分析如附表 4-1 所示。

附表 4-1 利润定比趋势分析

项 目	2017 年	2018 年	2019 年	2020 年	2021 年
利润总额	100%	147.55%	166.27%	137.09%	202.19%

(2) 利润总额结构分析如附表 4-2 所示。

附表 4-2 利润总额结构分析

项 目	2017 年	2018 年	2019 年	2020 年	2021 年
主营业务利润	91.01%	95.47%	99.00%	97.28%	52.95%
营业外收支净额	3.31%	−1.31%	−0.56%	−4.34%	40.03%
其他项目合计	5.68%	5.84%	1.56%	7.06%	7.02%
利润总额	100%	100%	100%	100%	100%

(3) 利润变动趋势及原因分析:2017—2019 年的利润总额稳步增长,主要原因是主营业务利润的增长;但 2018—2020 年间营业外收支有下降趋势,而 2021 年扭转了这种局面,利润总额大幅度增加,主要是因为营业外收支净额大增,但主营业务利润很不理想,应进一步说明原因。

2. 附表 4-3 2017—2021 年甲公司相关指标计算表

项 目	2021 年	2020 年	2019 年	2018 年	2017 年
销售毛利率	25.8%	27.59%	25.73%	27.61%	26.88%
销售净利率	2.9%	4.7%	8.3%	9.13%	10.72%
经营活动净现金流量占净利润比重	−0.16	−0.09	−0.07	0.19	0.20

(1) 根据上述资料分析可知:甲公司在申请破产前 3 年已经出现现金流恶化的状况;除了 2017 年和 2018 年,尽管每年都有盈利,但经营活动现金流量却为净流出;虽然 5 年中销售毛利率处于行业正常水平,但是由于近年来企业花费在新门店极其装修上的支出较多,使营业费用上升,销售利润率逐年递减且低于行业水平,使净利润(或净损失)与经营活动净现金流量之间的差异逐年扩大。

(2) 净利润(或净损失)与经营活动净现金流量之差异的主要原因是:净利润以权责发生制为基础,企业虽有盈利但并不代表有充足现金;经营活动现金流量表示的是企业现金制利润,真实反映了企业自身将利润转化为现金的能力。

(3) 由于该公司经营活动现金流量小于零,自身资金积累已经耗尽,说明经营过程现金流转已经出现了严重问题,又难以从外部取得现金,必然陷入财务危机状态,以致申请破产。

3. (1) 附表 4-4 营业收入比重表

项目	2020 年	2021 年
A	49.73%	51.93%
B	30.05%	28.12%
C	9.84%	14.97%
D	10.38%	4.98%
合计	100.00%	100.00%

甲公司的营业收入主要来自 A 和 B 项目,两个项目占比达到 80%,C 和 D 项目的比重较小,而且不稳定、有下降趋势。

(2) 附表 4-5 2020 年和 2021 年甲公司财务成果 单位:万元

项目	营业毛利		营业利润		营业净利	
	2020 年	2021 年	2020 年	2021 年	2020 年	2021 年
A	31.00	37.00	16.00	20.00	12.00	15.00
B	20.00	21.00	11.00	12.00	8.25	9.00
C	6.00	14.00	3.00	9.00	2.25	6.75
D	17.00	0.00	14.00	−2.00	10.50	−1.50
合计	74.00	72.00	44.00	39.00	33.00	29.25

附表 4-6　2020—2021 年盈利构成分析表　　单位：%

项目	营业毛利构成比率		营业利润构成比率		营业净利构成比率	
	2020 年	2021 年	2020 年	2021 年	2020 年	2021 年
A	41.89	51.39	36.36	51.28	36.36	51.28
B	27.03	29.17	25.00	30.77	25.00	30.77
C	8.11	19.44	6.82	23.08	6.82	23.08
D	22.97	0.00	31.82	−5.13	31.82	−5.13
合计	100.00	100.00	100.00	100.00	100.00	100.00

甲公司的营业毛利 2020 年主要来自 A、B 和 D 项目，2021 年则来自 A、B 和 C 项目，从趋势看 C 和 D 项目的比重较小，而且不稳定；营业利润和营业净利 2020 年主要来自 A、B 和 D 项目，2021 年则来自 A、B 和 C 项目，从趋势看 C 和 D 项目的比重较小，而且不稳定，D 项目由盈变亏。

(3) 如果 D 项目所生产的产品都销售给甲公司的母公司，因为 D 项目所生产的产品收入比重在 2020 年超过 10%，属于重大关联交易，财务分析人员应该特别关注公司是否有利用关联交易来操纵利润的情形，是否随意定价问题，在分析时，最好剔除该部分数据对利润的影响。

4. (1) 结构百分率分析表如附表 4-7 所示。

附表 4-7　结构百分率分析表

项　　目	2020 年度	2021 年度
一、营业收入	100.00%	100.00%
减：营业成本	73.13%	82.99%
税金及附加	0.50%	0.62%
销售费用	1.99%	2.07%
管理费用	5.31%	7.47%
财务费用	0.10%	0.17%
加：投资收益	1.59%	1.49%
三、营业利润	20.56%	8.17%
加：营业外收入	0.38%	0.30%
减：营业外支出	5.57%	2.74%
四、利润总额	15.36%	5.74%
减：所得税费用	5.07%	1.89%
五、净利润	10.29%	3.84%

(2) 通过以上的计算可以分析得出：本年虽然营业收入上升，但营业成本较上年增长显著，从 73.13% 上升到 82.99%，而管理费用也比上年增长较多，导致利润总额及税后净利均比上年减少。

（四）案例分析题

1. 案例一分析提示：

(1) 2020 年 1—9 月公司业绩大幅增长主要因突发疫情影响，新冠病毒检测试剂销售收入贡献较大和检测仪器销售收入大幅增长所致。2020 年 1—9 月，新冠肺炎疫情先后在国内外暴发，公司 2020 年 1 月在极短的时间内研发出精准、快速、简便、高通量的新冠病毒检测试剂盒，并通过国家药品监督管理局应急通道快速取得注册证书，系国内获批上市的前6家企业之一。由于新冠病毒疫情具有突发性，此类突发公共卫生事件持续时间存在不确定性，一旦全球疫情得到有效控制，公司新型冠状病毒核酸检测相关产品的销量会有所下降。因此，长远来看，公司新冠病毒检测试剂销售收入增长不具有持续性。但公司其他产品销售收入增长的持续性和公司持续经营能力不会受到影响。

（2）进行财务分析时，除了对企业自身进行分析，还需要进行宏观即宏观环境，包括国家的政策、汇率、利率、环保等因素的分析，在进行财务分析的过程中，不仅需要关注企业自身，而且需要关注外部环境的变化及其对企业的影响；同时将企业置于同业中，关注所处行业的发展背景、经营特性、竞争状态等，而非将企业看做孤立的个体。譬如此案例中，新冠疫情、国家政策给企业发展带来了契机，使得2020年产生了巨大的增长。

2. 案例二分析提示：

（1）从营收看公司经营状况，我们可以从营收增长率看公司经营状况，此时一般结合净利润率。中兴通讯2019年营业收入为90 736 582 000.00元，与上一年营业收入相比上升5 223 432 000.00元，营业收入增长率为6.11%；2019年净利润为5 776 669 000.00元，与上一年净利润相比上升12 726 009 000.00元，净利润增长率为183.13%，可以看得出，公司收入上升，利润也上升，应考虑目前公司业绩正在上升，2019年所在计算机、通信和其他电子设备制造业行业的营业收入增长率为8.98%，所在行业的净利润增长率为－3.16%。可以看得出，行业收入上升，但利润未上升或者下滑，这可能是业绩向上的拐点，因为利润未升的原因可能是行业内公司投入大量的期间费用，等收入规模上去，规模效应展开后，业绩就会上升。

（2）对利润质量的评价，可以从以下行业和公司的以下几个方面来进行分析。首先，观察中兴通讯公司2019年投资收益占利润总额的比例为3.48%，所在计算机、通信和其他电子设备制造业行业2019年投资收益占利润总额的比例为16.52%；然后，观察2019年公允价值变动损益占利润总额的比例为－2.99%，所在行业2019年公允价值变动损益占利润总额的比例为5.85%；最后，观察2019年营业外收入占利润总额的比例为2.57%，所在行业2019年营业外收入占利润总额的比例为5.63%。通过观察利润表中的投资收益占的比例，投资收益占利润总额比重与营业外收入占比和公允价值变动损益占比相比，比重最高，但是该比例在利润来源中并不算高，利润主要来源仍是主营业务，利润结构质量较高。

（五）思考题

1. 利润表分析的作用是什么？

答：利润额的高低及其发展趋势，是企业生存与发展的关键，也是企业投资者及其利益相关者关注的焦点，因此，利润表的编制与披露对信息使用者是至关重要的。具体地说，利润表分析的作用主要表现在以下几个方面：

（1）有利于预测企业经营成果和获利能力。

（2）有利于预测企业未来的现金流动状况。

（3）有利于预测企业的偿债能力。

（4）有利于考核管理人员的绩效。

（5）可作为企业经营成果分配的重要依据。

2. 简述经营（报告）分部水平分析的基本思路。

答：（1）在分析分部报表时，须判定企业可报告分部的确定是否恰当。

（2）通过可报告分部确定公司内部与外部销售之间的关系，从而了解该分部销售业务对外部客户的依赖程度。

（3）关注可报告分部的总资产变动趋势，借以更好地理解管理层的有关资源配置决策。

（4）确认和比较不同报告分部的增长率水平、销售水平、利润水平以及整个公司增长率变动的原因。

（5）计算每一可报告分部的经营收益率和资产经营报酬率，以确定每一分部的相对获利能力和整个公司获利水平的关系。

(6) 通过对不同分部报告分析评价企业盈余的持续性。

3. 商品销售收入只有同时满足哪些条件时,才能加以确认?

答:(1) 企业已将商品所有权上的主要风险和报酬转移给购货方。

(2) 企业既没有保留通常与所有权相联系的继续管理权,也没有对售出的商品实施有效控制。

(3) 收入的金额能够可靠地计量。

(4) 相关的经济利益很可能流入企业。

(5) 相关的已发生或将发生的成本能够可靠地计量。

4. 如何对营业收入进行分析?

答:(1) 关注营业收入的增长幅度,以判断其收入增长的稳定性。

(2) 分析企业营业收入的品种构成。

(3) 分析企业营业收入的地区构成。

(4) 分析与关联方交易的收入在营业收入中的比重。

(5) 分析营业收入的现金流入。

(6) 分析其他业务收入与主营业务收入的配比。

5. 如何对期间费用进行分析?

答:(1) 分析销售费用、管理费用、财务费用与营业收入的配比。

(2) 从销售费用的构成上看,有的与企业业务活动规模有关(如运输费、销售佣金、展览费等),有的与企业从事销售活动人员的待遇有关,也有的与企业未来发展、开拓市场、扩大品牌知名度有关。

(3) 片面追求在一定时期的管理费用降低,有可能对企业的长期发展不利。

(4) 财务费用的主体是经营期间发生的利息支出,其大小主要取决于三个因素:贷款规模、贷款利息率和贷款期限。

(5) 关注会计政策对期间费用的影响。

6. 营业外收入与营业收入的区别是什么?

答:(1) 营业收入是持续的、由主要或中心营业活动产生的,如销售商品收入;营业外收入是一种利得,是非常的、由非营业活动产生的,且多半为管理层所不能控制或左右的,如罚没收入,数额一般较小,如果数额较大,则需要具体分析。

(2) 营业收入是总额概念,必须与费用相配比;营业外收入是净额概念,它或者已经将对立因素抵消(如出售资产净收益是售价与账面价值抵消后的净额);或本来就只有一个额,如诉讼获胜后的赔偿收入。营业外收入与营业外支出一般不存在直接的对应关系和配比关系。

7. 对企业盈利质量分析时,应从哪些方面入手?

答:(1) 盈利成长性。投资通常着眼于企业的长远发展,这就要求我们关注盈余的成长性,即其目前的盈余能在多大程度上延续到未来。

(2) 盈余稳定性。公司盈利的稳定性既受到系统风险的影响,又受到非系统风险的影响。前者是宏观经济的波动给企业盈利带来的不确定性,后者主要是指由于公司自身经营方面的原因而带来的不确定性,比如企业发生火灾而造成损失等。这些因素使得公司的销售收入发生变动,从而最终导致盈利不稳定。

(3) 盈余操纵性。大量的实际案例及实证研究结果表明,财务操纵在中国资本市场上具有相当程度的普遍性,这给财务分析带来了严峻的挑战,也为其提供了大量的机遇。所谓挑战是指,一旦盈余失去了可靠性的基础,许多基于会计账面数据的财务指标或比例的计算就失去了意义,甚至可能产生一定的误导性。而机遇则在于,财务操纵的存在使得深入地进行财务分析成为必要,为后者带来了发掘潜在投资对象、及时规避风险的价值。任何的财务操纵,都是为了一定的经济动机,而这种动机又往往和特定的盈余操纵后果相结合。

(4) 会计政策选择与运用的稳健性。企业管理层对会计政策的选择与运用是决定盈利质量的重要因素。在会计政策的选择上有稳健(或保守)和不稳健(或乐观)之分。稳健的选择所产生的盈利与乐观的选择所产生的盈利相比,前者通常不会高估现实和未来的业绩,因此通常被认为是高质量的,相对于乐观的选择而言,对其盈利的质量通常给予较高的评价。

8. 在分析会计政策的选用对利润质量的影响时,还应关注哪些方面?

答:(1) 会计政策的持续性如何,是否随意变更会计政策。

(2) 企业管理层可能通过会计运用来影响收入和费用的确认,从而决定盈利的数额。

(3) 会计政策的过度稳健。

第五章 现金流量表分析

(一) 单项选择题

1. C 2. B 3. D 4. D 5. D 6. D 7. A 8. C 9. B 10. A 11. A 12. D 13. C 14. B 15. D

(二) 多项选择题

1. AB 2. AD 3. BCE 4. ACE 5. BCDE 6. AD 7. BCD 8. ABCDE 9. ACE 10. BD 11. ABD 12. ABCE 13. AD 14. ABCDE 15. ACDE

(三) 计算分析题

1. (1) 该公司现金来源于经营活动:而大部分的现金用于筹资活动,该企业很可能处于债务偿还期;

(2) 经营活动现金流量大于净利润,该企业营利质量较好。

2. (1)

附表 5-1 现金流量表(简表) 单元:万元

主表项目	金额	补充资料项目	金额
经营活动现金净流量	+900	净利润	1 500
投资活动现金净流量	−470	+(−)调整项目总额	−600
筹资活动现金净流量	−230	经营活动现金净流量	900
汇率变动对现金流量的影响	0	现金的期末余额	320
现金及现金等价物净增加额	200	减:现金的期初余额	120
		现金净增加额	200

(2) 该公司经营活动产生的现金流量为正数,说明经营活动有一定回笼现金的能力;投资活动的现金流量净额为负数,说明该公司有可能增加了投资的力度,扩大经营规模方面占用了一定的资金量;筹资活动的现金流量净额为负数,其原因有可能是企业放慢了筹资的速度。

(3) 投资活动的现金流量净额为负数,说明该公司有可能处于成长期。

(4) 该公司的经营活动现金流量占净利润的 60%,说明实现的净利中有 60%的现金流作保障,说明利润的质量较高。

3. (1) A=356 000 元;B=200 000 元;C=276 000 元;D=290 000 元

利润的确认计量基础为权责发生制,其实现的时间与收取现金的时间往往存在一定的差距。该公司净利润为 356 000 元,比现金净增加额多 66 000 元。从补充资料中,我们看到投资收益对净利润的影响很大,会在一定程度上影响利润的质量。

(2) 经营活动产生的现金流量净额为正,意味着该公司生产经营比较正常,具有一定的经济实力;投资活动产生的现金流量净额为负、筹资活动产生的现金流量净额为正，说明公司有可能处于发展时期，还需通过筹资来进行较大规模的投资。

(3) 流入结构分析。在全部现金流入量中，经营活动所得现金占 81.40%，投资活动所得现金占 4.92%，筹资活动所得现金占 13.68%，由此可以看出该公司其现金流入产生的主要来源为经营活动，其次为筹资活动，其投资活动对于企业的现金流入贡献很小。

流出结构分析：

在全部现金流出量中，经营活动所得现金占 81.74%，投资活动所得现金占 8.43%，筹资活动所得现金占 9.83%，该公司其现金流出主要在经营活动方面，其投资活动、筹资活动占用流出现金比较少。

流入流出比例分析：

从该公司的现金流量表可以看出：经营活动中现金流入量 8 930 000 元、现金流出量 8 730 000 元。该公司经营活动现金流入流出比为 1.02，表明 1 元的现金流出可换回 1.02 元现金流入。投资活动中：现金流入量 540 000 元，现金流出量 900 000 元。该公司投资活动的现金流入流出比为 0.60，公司投资活动引起的现金流出较大，表明该公司正处于发展时期。筹资活动中：现金流入量 1 500 000 元，现金流出量 1 050 000元。筹资活动流入流出比为 1.43，表明还款明显小于借款，说明该公司可能在一定程度上依靠借款，存在借新债还旧债的现象。

(4) 资产现金流量收益率＝200 000÷[(500 000＋600 000)÷2]×100%＝36.36%

说明公司总资产每年收回现金流 36.36%，高于行业水平。

每股现金流量＝200 000÷(300 000＋100 000×7÷12)＝0.56

说明公司每股现金流量的水平高于行业水平，且该公司股利支付的上限为 0.56。

4. (1)

附表 5-2　现金流量定比趋势分析表

单位：万元

项　　目	2019 年	2020 年	2021 年
经营活动现金净流量	100	170	240
投资活动现金净流量	100	－57.14	－28.57
筹资活动现金净流量	100	90.28	48.61

(2) 经营活动现金净流量呈上升趋势，能够为企业进一步扩充或未来的战略发展提供资金支持；投资活动现金净流量呈下降趋势，且 2014 年和 2015 年的现金流入低于现金流出，说明企业加大了投资支出；随着经营活动带来现金净流量的增加，筹资活动现金净流量呈下降趋势，说明企业能够根据资金余缺程度进行筹资。

5. (1) A 公司 2020 年的现金及现金等价物净额＝300 000－300 000＋7 000＝7 000(元)

A 公司 2021 年的现金及现金等价物净额＝－100 000＋200 000＋2 000＝102 000(元)

(2) A 公司 2020 年经营活动产生的现金流量净额为 300 000 元，意味着企业生产经营较为正常；投资活动产生的现金流量净额为－300 000 元，可能是因为企业投资收益较差，导致现金的流出；也可能是因为企业当期对外投资较大，形成的现金流出。在结合该公司 2021 年投资活动产生的现金流量净额为 200 000 元的数据分析后，我们认为 2020 年投资活动产生的现金流量净额为－300 000 元属于后一原因的可能性更大；2020 年筹资活动产生的现金流量净额为 7 000 元，说明该公司的资金需求主要由自身现金流入解决。A 公司 2021 年经营活动产生的现金流量净额为－100 000 元，意味着企业生产经营不太正常，现金流转存在问题，投资活动产生的现金流量净额为 200 000 元，可能是因为企业收回投资导致现金的流入；筹资活动产生的现金流量净额为 2 000 元，该公司的资金需求主要由自身现金流入解决。

（四）案例分析题

1. 案例一分析提示：

(1) 绿源房地产公司成立于 2006 年，根据企业生命周期理论以及公司现状，公司应已过初创期，处于高速增长期，正常情况下，经营活动应能为企业带来正的现金流。但从表 5-6 可以看出，公司 2017 年和 2018 年经营活动产生的现金流均为负值。2018 年公司经营活动产生的现金流量为负值的主要原因为成功开拓石家庄市场并支付石家庄土地款 4 亿元，造成大额现金流出。

(2) ①从流入结构来看，房地产公司 2018 年经营活动产生的现金净流量为－25 785.92 万元。各子分公司 2018 年经营活动产生的现金净流量如表 5-6 所示。从表 5-8 可以看出，企业现金流入主要依靠经营活动，投资活动几乎为零，筹资活动现金流入 2018 年贡献了现金总流入的四分之一。从分析可以看出，企业现金流入结构正常，但对于逐年增加的筹资活动现金流入比，企业应该予以重视。

② 从流出结构来看，从表 5-9 可以看出，企业现金流出中经营活动现金流出占比较高，且处于逐年递增的趋势。与现金流入比(表 5-8)比较可以看出，在经营活动现金流入比逐年下降的情况下经营活动现金流出比处于逐年递增的趋势；在筹资活动现金流入比逐年递增的情况下筹资活动现金流出比处于逐年下降的趋势，且流出比低于流入比，从而使公司债务逐年增加，债务负担较重，债务风险增大。

③ 从经营活动现金流出各项目结构分析来看，经营活动现金流出占比较高，为深入了解经营活动现金流出情况，对经营活动现金流出各项目进行分析，可以看出经营活动现金流出中有多少用于购买商品或劳务、有多少用于支付给职工、有多少用于支付税费。绿源房地产公司经营活动现金流出各项目结构如表 5-10 所示。从表 5-10 可以看出：购买商品和劳务的支出占经营活动现金流出的绝大部分处于逐年增加的趋势；支付给职工以及为职工支付的现金占经营性现金流出的比例在 1%左右处于逐年下降的趋势；支付的各项税费占经营活动现金流出的比例，2017 年和 2018 年较 2016 年均有所下降。公司连续三年应交税金余额以及占当年主营业务收入的比例如表 5-11 所示。从表 5-11 可以看出，公司应交税金余额以及占当年主营业务收入的比例均处于逐年上升的趋势。公司应交税金余额较大说明公司支付税费的力度不是太大，一方面反映公司与政府关系良好，可以利用这部分资金用于公司经营，但另一方面也反映了公司支付的现金/销售商品提供劳务收到的现金现金购销比通常与销售成本率进行比较，用于分析企业销售商品的现金回收率与购买商品的现金支付率是否处于平衡状态。公司现金购销比如表 5-12 所示。

从表 5-12 可以看出，公司现金购销比与销售成本率的差额处于逐年上升的趋势。公司现金购销比较大，说明公司购买商品、接受劳务支付的现金金额较大。2018 年公司购买商品、接受劳务支付的现金共计 17 亿元，其中支付土地款 9.12 亿元，建设投入 7.89 亿元。2018 年公司支付现金金额较大，主要原因为购买了大量土地，增加了年底存货。截至 2018 年年底公司未开发土地成本 10.98 亿元。

在目前房地产市场情况较好的情况下，公司存货尤其是未开发土地增加，可以增加资产的收益性，但另一方面这部分存货占用着公司大量资金，给公司造成较大的资金压力。而且在市场变化较快的情况下，大量存货也面临着市场价格变化的风险。因此，公司应加快土地的开发，尽量缩短支付土地款、进行项目开发直至销售收回资金之间的时间差，较快回收资金，从而降低市场风险、降低资金使用成本。

2. 案例二分析提示：

依次根据经营活动、投资活动、筹资活动这三大活动的现金流量净额的正负号，来看出康美药业公司 2019 年经营活动赚钱，同时还有余力对内投资以及回报债权人和股东，所以投资和筹资都是负的。通过现金流量表数据看其持续盈利能力和盈利质量，公司 2019 年的经营活动现金流入量与上一年相比减少 7 948 957 137.82，流出量与上一年相比减少 10 525 385 396.46，现金流入量的增长小于现金流出量的增长，导致经营活动现金流量净额增加 2 576 428 258.64，说明结合经营活动现金流入与流出规模来看，企业经营活动创造现金流量的能力比较弱；公司 2019 年的投资活动现金流入量与上一年相比增加 96.37%，说明企业正处于固定资产投资大或股权投资初期，尚在扩张；公司 2019 年的筹资活动现金流入量与上一年相比减少－3.03%，现金流入量的增长大于现金流出量的增长，导致筹资活动现金流量净额减少 6 034 705 945.76，说明我们要结合利润表报表项目进一步分析企业现金流量现状。

(五) 思考题

1. 现金流量表分析的作用是什么？

(1) 从动态上了解企业现金变动情况和变动原因。资产负债表中货币资金项目反映了企业一定时期现金变动的结果,是静态上的现金存量,企业从哪里取得现金,又将现金用于哪些方面,只有通过现金流量表的分析,才能从动态上说明现金的变动情况,并揭示现金变动的原因。

(2) 判断企业获取现金的能力。现金余额是企业现金流动的结果,并不表明现金流量的大小,通过对现金流量表进行现金流量分析,能够对企业获取现金的能力做出判断。

(3) 评价企业盈利的质量。利润是按权责发生制计算的,用于反映当期的财务成果,利润不代表真正实现的收益,账面上的利润满足不了企业的资金需要,因此,盈利企业仍然有可能发生财务危机,高质量盈利必须有相应的现金流入做保证,这就是为什么人们更重视现金流量的原因之一。

2. 现金流量表与其他三张财务报表的关系是什么?

现金流量表和其他报表之间不是相互脱离、彼此独立的,而是有着内在的钩稽关系,共同支撑了投资决策有用的信息体系。有关现金流量表的分析应该结合利润表的分析,侧重从"现金偿付"的角度分析现金流量的质量。同时,现金流量的分析同样需要结合资产负债表的分析内容,现金流入和流出情况的判断需要结合资产负债表的信息加以确认,这样才能对企业现金流量数字背后隐藏的经济实质给出相对准确的解答。根据会计恒等式分析影响现金净流量的因素:

资产=负债+所有者权益

现金+非现金流动资产+非流动资产=流动负债+非流动负债+所有者权益

现金=流动负债+非流动负债+所有者权益-非现金流动资产-非流动资产

其中:

所有者权益=实收资本(或股本)+资本公积+其他综合收益+盈余公积+未分配利润

未分配利润=净利润+年初未分配利润-提取的公积金-应付利润(股利)

综合收益=净利润+其他综合收益

以上分析表明,资产负债表和利润表与影响公司现金净流量的因素有关,非现金流动资产类项目的变化与现金净流量的变化方向相反;负债和所有者权益类项目的变化与现金流量的变化方向相同。在其他因素不变的条件下,所有者权益的变化主要与未分配利润有关,而后者主要取决于公司经营活动创造的净利润以及公司的股利政策。

公司在一定时期创造的现金净流量是经营活动、投资活动和筹资活动现金净流量的总和。通过比较资产负债表期末货币资金(包括现金等价物)与期初货币资金的差额,可以分析公司一定时期现金净流量变动的动因;通过分析从净利润到经营活动现金净流量的调整过程,可以更好地理解现金流量表与利润表的关系。

3. 企业三类活动的现金流量的关系是怎样的?

(1) 经营活动产生的现金流量是企业全部现金流量中最重要的组成部分,它反映了企业通过自身的经营活动创造现金的能力。当企业净利润大于零,且经营活动产生现金净流入时,不仅表明该企业具有获利能力,能保证正常运转所需要资金,而且还能将多余的现金直接用于投资或偿还债务。反之,则说明企业利润的含金量低,获现能力弱,企业若要维持正常经营,只能要么减少投资,要么向外融资。

(2) 对投资活动现金流量的分析应侧重于金融工具投资、长期股权投资、固定资产、无形资产和其他长期资产等交易而产生的现金流入与流出。投资活动净减少也有可能是企业正处于成长期,要建造营业用房或需要添置设备所致。此时,如果经营活动现金流量为正数,则可弥补因投资需要产生的现金不足,否则企业必须向外融资。投资活动现金流量的净增加不见得对企业是有利的事。

(3) 对筹资活动现金流量的分析应侧重于发行股票、债券或长期借款产生的现金流入和偿还债务本金与利息、分配股利与利润产生的现金流出。要注意的是有的企业为保持良好的股利记录,用募股流入的现金作为股利分配给股东,使筹资活动产生现金流入的同时又产生相应的流出。筹资活动现金净增加或减少,在某种程度上可以反映企业的筹资能力。

(4) 由于在会计实务中存在着多种原因使经营活动、投资活动、筹资活动的现金流量增加或减少，因此报表分析者应该针对不同的情况做具体的分析，但分析重点无疑是在经营活动的现金流量上。这是因为企业取得现金尽管可以通过收回投资(投资活动)或发行债券或股本(筹资活动)等方式来实现，但债务本金的偿还、利息与股利的支付等，最终还是取决于经营活动净现金流入。经营活动的净现金流入占总现金流入的比率越高，说明企业的财务基础越稳定，获利能力与对外筹资能力越强。

4. 现金流量构成分析的内容是什么？

(1) 现金流入结构分析。现金流入结构分为总流入结构和内部流入结构。总流入结构是反映企业经营活动的现金流入量、投资活动的现金流入量和筹资活动的现金流入量分别占现金总流入量的比重。内部流入结构反映的是经营活动、投资活动和筹资活动等各项业务活动现金流入中具体项目的构成情况。现金流入结构分析可以明确企业的现金究竟来自何方，增加现金流入应在哪些方面采取措施等。

(2) 现金流出结构分析。现金流出结构分为总流出结构和内部流出结构。现金总流出结构是反映企业经营活动的现金流出量、投资活动的现金流出量和筹资活动的现金流出量分别在全部现金流出量中所占的比重。内部现金流出结构反映的是经营活动、投资活动和筹资活动等各项业务活动现金流出中具体项目的构成情况。现金流出结构可以表明企业的现金究竟流向何方，要节约开支应从哪些方面入手等。

(3) 构成趋势分析。比较经营活动现金流量各构成前后期的变化，比如可以将本期经营活动现金净流量与上期比较，增长率越高，说明企业成长性越好。有些趋势的变化则具有特别的含义，比如企业的工资支付通常是具有刚性的，因此一旦支付给职工或为职工支付的现金流量发生减少或被延迟，则可能意味着企业的现金流过于紧张。

5. 企业在不同发展阶段经营活动现金流量的特征是什么？

从企业的成长过程来分析，在企业从事经营活动的萌芽期，由于其生产阶段的各个环节都处于“磨合”状态，设备、人力资源的利用率相对较低，材料的消耗量相对较高，导致企业的成本消耗较高。同时，为了开拓市场，企业有可能投入大量资金，采用各种手段将自己的产品推向市场(包括采用渗透法定价、加大广告支出、放宽收账期等)，从而有可能使企业在这一时期的经营活动现金流量表现为“入不敷出”的状态。如果是由于上述原因导致经营活动产生的现金流量小于零，则应该认为这是企业在发展过程中不可避免的正常状态。如果企业在成长期和成熟期仍然出现这种状态，应当具体分析形成这种状态的具体原因，如果是由于企业的季节性生产或一些特殊原因(如正赶上原材料低价销售而大量用现金购入原材料)而出现的暂时或短期的经营活动产生的现金流入小于流出的状态，则仍然不能草率地得出经营活动产生的现金流量质量不高的结论。如果处在成长期和成熟期的企业长期持续呈现这种状态，应该认为企业经营活动回笼现金的能力较弱。处于衰退期的企业，经营活动产生的现金流量往往呈现流入长期持续小于流出的状态，这是企业经营活动严重萎缩和萧条的预警。

第六章　所有者权益变动表分析

(一) 单项选择题

1. B　2. D　3. C　4. A　5. A　6. C　7. C　8. D　9. C

(二) 多项选择题

1. ABC　2. ABDE　3. ABCDE　4. ABCE　5. ACE　6. BC　7. ABCD　8. ABCD　9. AC

(三) 计算分析题

1. 根据净利润与所有者权益变动额的关系公式，本题所有者权益变动额的具体结果为：

$$3\,000+100-806+2\,000=4\,294(\text{万元})$$

2. 此政策对每股收益和每股市价的影响计算如下：

送股后的每股收益＝(5 000÷10 000)÷(1＋50％)＝0.33(元)

送股后的每股市价＝10÷(1＋50％)＝6.67(元)

3. 支付股利后，公司市场价值和所有者权益下降到400万元，具体见附表6-1。

附表6-1　资产负债表(现金股利支付后)　　单位:元

资　产	金　额	负债和所有者权益	金　额
现金	500 000	负债	0
其他资产	3 500 000	所有者权益	4 000 000
合计	4 000 000	合计	4 000 000

支付股利后，除权后股票每股市价为2元。

(四) 案例分析题

1. 对GEDQ公司所有者权益变动和构成情况进行分析

(1) 变动情况分析。从表6-3可以看出，GEDQ母公司2021年度所有者权益比2020年度增加了793 454.6万元。增加幅度为20.74％。本年净利润增加是所有者权益增加的主要原因，本年净利润增加额为234 755.5万元，增加幅度为36.33％，说明该公司目前盈利能力较强，形成了所有者权益增加的重要来源。但发现，2021年有盈余公积弥补亏损的金额发生，但无法找到更多的资料进一步解释。该公司没有会计政策变更和前期差错更正所导致所有者权益变动的金额发生，反映了公司会计政策的稳定和工作的严谨。此外，该公司也没有直接计入所有者权益的利得和损失发生，说明公司在除了经营产生的收益外，没有可能在将来得到实现的其他综合收益。

(2) 构成情况分析。从表6-4可以看出，GEDQ母公司2021年所有者权益本年净利润占比高达19.07％，从另一个侧面说明了母公司自身盈利能力确实不错。但从表中也可以看出盈余公积弥补亏损的数额在所有者权益中占比达到2.43％，该占比虽然不高但应该得到重视。本年度利润分配的金额为213 588.50万元，金额和占比相比于上年均有所下降，但下降金额和幅度均不大。

2. 所有者权益变动表能为信息使用者提供的有用信息

所有者权益变动表的格式和内容，为财务分析提供了丰富的信息。从不同角度来看，所有者权益变动表提供的信息及其作用主要体现在以下几个方面：

(1) 所有者权益变动的原因。在所有者权益变动表中，导致所有者权益变动的原因按照“净利润”“其他综合收益”以及“与所有者的资本交易”等不同类别分别进行列示。这种列示方法，提供不同活动对所有者权益变动产生的影响，能够清晰明确地反映引发所有者权益变动的原因。

(2) 列示所有者权益内部结构的变动。在所有者权益变动表中，除了提供不同原因对所有者权益产生的影响之外，还列示所有者权益内部结构变动。资本公积或盈余公积转增资本，盈余公积弥补亏损等造成所有者权益内部结构变动的因素都分别列示，从而为了解所有者权益的内部结构变动提供了信息。

(3) 为利润表和资产负债表提供辅助信息。所有者权益变动表中的“其他综合收益”以及“利润分配”与利润表之间存在较强的关联性。“其他综合收益”与利润表中的“其他综合收益”相辅相成，共同反映了公允价值变动对企业产生的影响。“利润分配”则提供了企业利润分配的去向和数量，为利润表提供辅助信息。所有者权益变动表中提供的所有者结构变动信息与资产负债表中所有者权益部分相辅相成，提供了所有者权益变动的详细信息。

(4) 提供企业全面收益的信息。从企业所有者的角度来看，所有者权益的变动反映了其在公司中所拥有资产情况的变动。若不考虑增资、发放股利以及内部的结转，影响所有者权益变动的主要因素是经营活动的收益和直接计入股东权益的利得和损失，两者之和被视为企业的全面收益。全面收益不但反映了企业的经营情况，还反映了公允价值变动对企业所有者财富状况产生的影响，能为所有者提供更为全面的投资决策信息。

（五）思考题

1. 所有者权益变动表分析的作用有哪些？

①反映企业的全面收益；②提供资本保值增值信息；③为利润表和资产负债表提供辅助信息；④更清晰地体现会计政策变更和前期差错更正对所有者权益的影响；⑤有利于揭示所有者权益增减变动的原因。

2. 对于所有者权益变动表的总体分析评价主要应关注哪些内容？

(1) 注意区分“输血性”变化和“盈利性”变化。这里的“输血性”变化是指企业靠股东入资而增加所有者权益,“盈利性”变化则是指企业依靠自身的盈利而增加所有者权益。显然,这两个方面均会引起所有者权益的变化,但是,其发展的前景显著不同:在企业“输血性”变化导致企业资产增加但增加的投资方向前景难以预料的情况下,其盈利前景存在变数;而在“盈利性”变化的条件下,如果盈利质量较高,则可能意味着企业可持续发展的前景较好。

(2) 注意所有者权益内部项目互相结转的财务效应。所有者权益内部项目互相结转,虽然不改变所有者权益的总规模,但是,这种变化会对企业的财务形象产生直接影响:或增加企业的股本数量,或弥补了企业的累计亏损。这种变化虽然对资产结构和质量没有直接影响,但对企业未来的股权价值变化以及利润分配前景可能会产生直接影响。

(3) 注意关注企业股权结构的变化与方向性含义。股权结构变化,既可能由原股东之间股权结构的调整引起,也有可能由增加了新的投资者、增加了新的股份引起。这种变化对企业的长期发展具有重要意义:可能由于企业股权结构变化,企业的发展战略以及人力资源结构与政策均发生显著变化。这样,按照原来的惯性思维对企业进行前景预测将有可能失意义。

(4) 注意会计核算因素的影响。会计核算因素的影响,是指会计政策变更和差错更正对企业所有者权益的影响。这种影响,除了数字上的变化外,对企业的财务状况质量没有实质影响。需要警惕的是,年度间频繁出现前期差错更正事项的情况,很有可能是企业蓄意调整利润的结果。

(5) 分析企业股利政策对所有者权益的影响。分析所有者权益变动表中“对所有者(或股东)的分配”金额的基础上,结合现金流量表中“分配股利、利润或偿付利息支付的现金”、资产负债表中“应付股利”项目的期初和期末余额以及资产负债表日后事项中有关股利分配的信息,便可了解企业的股利分配政策。

3. 试述所有者权益变动表与资产负债表的钩稽关系。

资产负债表报告的是某一时点的价值存量,利润表、现金流量表与所有者权益变动表反映的是两个时点之间的存量变化——流量,利润表反映了所有者权益变化的一部分,现金流量表则反映了现金的变化过程,所有者权益变动表反映的是资产负债表中所有者权益具体项目的变化过程。四张会计报表从存量与流量视角,用会计语言反映了会计期间的总体财务状况和经营业绩。

4. 企业股利政策对所有者权益有哪些影响？

(1) 现金股利分配政策对所有者权益的影响。企业派发现金股利,是股东获取投资收益的一个来源,会导致现金流出企业,企业的资产和所有者权益总额同时减少,这在一定程度上会降低企业内源融资总量,因此这种股利分派形式既引起所有者权益内部结构发生变动,也引起企业总的资本结构发生变动。

(2) 股票股利分配政策对所有者权益的影响。派发股票股利并不会直接引起股东的股票市值总额发生变化,也不会引起任何资源实际流出企业,更不会导致企业负债的增加。也就是说,股票股利并不会引起企业资产、负债和所有者权益中任何一项的总额发生变动,只是引起所有者权益内部有关项目金额和所有者权益的内部结构发生变化,即未分配利润金额减少,股本和资本公积的金额相应增加。

第七章 企业盈利能力分析

（一）单项选择题

1. B 2. A 3. A 4. C 5. C 6. B 7. D 8. C 9. B 10. A 11. D 12. C 13. A 14. D 15. B

（二）多项选择题

1. AE 2. ABCDE 3. ABCE 4. CD 5. DE 6. AE 7. ABCDE 8. BC 9. ABCDE
10. ABCD 11. ACDE 12. ABCE 13. BCD 14. BD 15. ABCD

（三）计算分析题

1. (1) 收入利润率分析表如附表 7-1 所示。

附表 7-1 收入利润率分析表

收入利润率指标	2020 年	2021 年
息税前利润/万元	6 894＋45 496＝52 390	149 203＋10 112＝159 315
营业收入利润率	27 986÷134 568＝20.80％	117 427÷368 321＝31.88％
营业收入毛利率	(134 568－67 986)÷134 568＝49.48％	(368 321－156 989)÷368 321＝57.38％
总收入利润率	45 496÷158 857＝28.64％	49 203÷411 673＝36.24％
销售净利润率	34 122÷134 568＝25.36％	111 903÷368 321＝30.38％
销售息税前利润率	52 390÷134 568＝38.93％	159 315÷368 321＝43.25％

(2) 成本利润率分析表如附表 7-2 所示。

附表 7-2 成本利润率分析表

成本利润率指标	2020 年	2021 年
营业成本利润率	27 986÷67 986＝41.16％	117 427÷156 989＝74.80％
营业成本费用利润率	27 986÷(67 986＋28 450＋2 040＋4 700＋4 654)＝27 986÷107 830＝25.95％	117 427÷(156 989＋75 588＋3 002＋9 980＋8 620)＝117 427÷254 179＝46.20％
全部成本费用总利润率	45 496÷(107 830＋1 009＋4 522)＝45 496÷113 361＝40.13％	149 203÷(254 179＋2 080＋6 211)＝149 203÷262 470＝56.85％
全部成本费用净利润率	34 122÷113 361＝30.10％	111 903÷262 470＝42.63％

2. 分析对象＝14.95％－4.78％＝10.17％

2020 年:[3.57％＋(3.57％－3.29％)×3.810 8]×(1＋3.08％)＝4.78％

第一次替代:[6.42％＋(6.42％－3.29％)×3.810 8]×(1＋3.08％)＝18.91％

第二次替代:[6.42％＋(6.42％－2.23％)×3.810 8]×(1＋3.08％)＝23.08％

第三次替代:[6.42％＋(6.42％－2.23％)×3.568 0]×(1＋3.08％)＝22.03％

2021 年:[6.42％＋(6.42％－2.23％)×3.568 0]×(1－30.06％)＝14.95％

总资产报酬率变动的影响＝18.81％－4.78％＝14.13％

利息率变动的影响＝23.08％－18.91％＝4.17％

资本结构变动的影响＝22.03％－23.08％＝－1.05％

税率变动的影响＝14.95％－22.03％＝－7.08％

该公司 2020 年净资产收益率提高主要是由于总资产报酬率上升引起的,总资产报酬率的上升使净资产提高 14.13％。其次,负债利息率变动也为净资产收益率提高带来积极影响,使净资产收益率提高 4.17％。而资本结构的变动和所得税税率的上升给净资产收益率提高带来不利影响,分别使其降低了 1.05％和 7.08％。积极因素与不利因素两者相抵,净资产收益率比上年提高了 10.17％。

3. (1) 每股收益$=\dfrac{250\,000-25\,000}{1\,000\,000}=0.23$(元)

普通股权益报酬率 $=\frac{250\ 000-25\ 000}{1\ 800\ 000}=12.5\%$

股利发放率 $=\frac{180\ 000\div 1\ 000\ 000}{0.23}=78.26\%$

价格与收益比率 $=\frac{4.5}{0.23}=19.56$

(2) 根据所给资料,2020 年度的普通股权益报酬率为

$$(200\ 000-25\ 000)\div 1\ 600\ 000=10.94\%$$

2021 年度普通股权益报酬率比 2014 年度增加了 1.56%,对于其变动原因,用差额分析法分析。

净利润变动对普通股权益报酬率的影响:

$$\frac{(250\ 000-25\ 000)-(200\ 000-25\ 000)}{1\ 600\ 000}\times 100\%=3.13\%$$

普通股权益平均额变动对普通股权益报酬率的影响:

$$\left(\frac{225\ 000}{1\ 800\ 000}-\frac{225\ 000}{1\ 600\ 000}\right)\times 100\%=-1.56\%$$

两因素共同作用的结果使普通股权益报酬率升高了 1.57%。

4. (1) 计算两家上市公司基本每股收益:

A 公司发行在外普通股的加权平均数 $=2+0.3\times(12-10)\div 12=2.05$(亿股)

B 公司发行在外普通股的加权平均数 $=2+0.4\times(12-6)\div 12=2.2$(亿股)

A 公司基本每股收益 $=2\div 2.05=0.976$(元)

B 公司基本每股收益 $=2\div 2.2=0.909$(元)

(2) 计算两家上市公司每股股利:

A 公司每股股利 $=2\ 000\div(20\ 000+3\ 000)=0.087$(元)

B 公司每股股利 $=1\ 000\div(20\ 000+4\ 000)=0.042$(元)

(3) 计算两家上市公司的股利支付率,并简要分析计算结果:

A 公司股利支付率 $=0.087\div 0.976\times 100\%=8.914\%$

B 公司股利支付率 $=0.042\div 0.909\times 100\%=4.620\%$

从总体上看,A 公司和 B 公司的股利支付率都较低,尤其是 B 公司,在每股收益相关不大的情况下,B 公司股利支付率远低于 A 公司股利支付率,不利于建立良好的公司信誉。

5. (1) A 公司 2021 年度基本每股收益 $-36\ 000\div 82\ 000=0.44$(元/股)

转换时所增加的净利润 $=440\times(1-15\%)=374$(万元)

转换时所增加的普通股数量 $=2.2$ 亿元 $\div 11$ 元/股 $=2\ 000$(万股)

稀释每股收益 $=(36\ 000+374)\div(82\ 000+2\ 000)=0.43$(元/股)

(2) B 公司的基本每股收益和稀释每股收益均高于 A 公司。

在进行每股收益的横向比较分析时,需要注意不同企业的每股股本金额是否相等,否则不便进行横向比较。

6. (1) 计算 A 公司与销售有关的盈利能力指标如附表 7-3 所示。

附表 7-3　A 公司与销售有关的盈利能力指标

盈利能力指标	2021 年报	2021 年第四季度	2021 年第三季度	2021 年第二季度	2021 年第一季度	2020 年报
销售毛利率	42.08%	37.17%	42.82%	42.88%	43.75%	43.54%
销售净利率	7.98%	1.96%	10.13%	9.10%	8.17%	8.45%

(2) 与 2020 年相比,A 公司的销售毛利率和销售净利润指标均有所下降。

毛利率下降的原因在于 2021 年四季度毛利率大幅度变动。

净利率下降的原因在于 2021 年毛利率下降、税金及附加所占营业收入比重上升。

7. 基本每股收益＝18 000/(15 000＋2 000×6÷12)＝18 000÷16 000＝1.125(元)

每股现金流量＝10 000÷16 000＝0.625(元)

每股股利＝3 000÷17 000＝0.18(元)

8. 计算 A 公司和 B 公司的相关财务指标如附表 7-4 所示。

附表 7-4　A 公司和 B 公司的相关财务指标

财务指标	A 公司(包括算式)	B 公司(包括算式)
总资产收益率	200 000÷1 000 000＝20%	200 000÷1 000 000＝20%
销售净利率	200 000÷1 000 000＝20%	200 000÷4 000 000＝5%
总资产周转率	1 000 000÷1 000 000＝1	4 000 000÷1 000 000＝4

A、B 公司资产规模和收益相等导致总资产收益相同。但对总资产收益率指标作进一步分解，结果是：A 公司有较高的销售净利率与较低的资产周转率，B 公司有较低的销售净利率与较高的资产周转率。其原因主要是：A 公司可能是一家固定资产比重较高的重工业企业，总资产周转率相对较低，销量小但产品售价相对较高，因此，一般而言这种企业主要通过提高销售利润率来提高总资产收益率；B 公司可能是一家固定资产比重较低的零售业，销量大但销售利润率相对较低，因此，一般而言这种企业主要通过加强总资产周转率来提高总资产收益率。

（四）案例分析题

1. 案例一分析提示：

(1) 从表 7-7 可以看出，BG 公司 2020 年比 2019 年的营业收入利润率、总收入利润率、销售净利润率、销售息税前利润率均有小幅的提高，表明公司的盈利能力在提升。而 2021 年反映收入利润率的所有指标均在 2020 年的基础上获得进一步的提高，并且幅度有加大的趋势，表明该公司的盈利能力稳中提升。

(2) 从表 7-8 可以看出：BG 公司的各项成本利润率指标在逐年提高。这进一步说明该企业盈利能力的提高。再看该公司的现金流量指标 2020 年该公司较 2019 年的销售获现率下降了 0.016 3%，而 2021 年又较 2020 年下降了 0.000 7%，表明该公司不能及时收回货款，收款工作不得力。需要加强对应收账款的管理。

(3) 从表 7-9 可以看出：AG 公司 2020 年的各项收入利润率较 2019 年都有所下降，该公司的盈利能力明显地下滑。而 2021 年的各项收入利润率都相应地有所提升。主要原因是 2021 年上半年，AG 的主导产品是热轧板和冷轧板，营业收入占比分别是 27.43%和 43.14%，冷轧板主营收入占比较 2020 年年底提高 8.69 个百分点。另外，中厚板的营业收入也较多，占比达到 17.28%，较 2020 年年末占比提高 2.44 个百分点。面临多变的市场形势，AG 主要通过调整品种、降低能耗等战略措施提升公司盈利水平。

(4) 从表 7-10 可以看出：AG 公司 2020 年的各项成本利润率较 2019 年都有所下降，进一步说明该公司的盈利能力在 2020 有所下滑。2021 年各项成本利润率较 2020 年虽然有所提升，但是仍没有恢复到 2018 年的水平，该公司需要做进一步的努力以提升该公司的盈利能力水平。再看该公司的现金流量指标：2019 年该公司的销售获现比率为 1.175 5%，2020 年下降了 0.135 5%，2021 年又在 2020 年的基础上下降了0.009 6%，达到了 1.030 3%。表明该公司的盈利能力并不强，需要加强应收账款的管理。

(5) 从表 7-11 可以看出：HG 公司 2020 年的各项收入利润率较 2019 年都有所下降，该公司的盈利能力明显地下滑。而 2021 年的各项收入利润率都相应地有所提升。主要原因是：是一方面受国内经济企稳回升影响，上半年产品价格同比上涨，另一方面公司进一步深化整合、充分降本增效、优化技术经济指标使公司盈利能力大幅提高。

(6) 从表 7-12 可以看出：HG 公司 2020 年的各项成本利润率较 2019 年都有所下降，说明该公司的盈利能力在2020有所下滑。2021年各项成本利润率较2020年虽然有所提升,但是上升幅度仍然较小,盈利能力整体来看仍然不高。再看销售获现比率:2018年该公司的销售获现比率为1.164 4%,从2019年开始该指标一直处于下降的趋势,且在2019年下降0.018 9%以后,2020年、2021年分别下降0.176 5%、0.173 3%,在2021年达到0.795 9%。该公司的盈利能力明显下降。

从以上分析可以看出该行业盈利能力明显不断走低。

2. 案例二分析提示:

利润反映企业的经营成果,利润质量则是利润自身价值的体现,包含利润的结构、利润与企业经营活动的相关性,体现会计利润与真实利润的匹配度、现金的可支配性、企业的财务状况以及战略实施效果等。具体从利润质量的可靠性、稳健性、持续性三个方面进行对比分析:

(1) 利润质量可靠性分析。由表7-11可知,贝因美从2016年起经营利润均为负,即使加上投资收益、营业外收入也难以弥补经营带来的巨亏,2018年是特殊之年,公司为保级摘帽,变卖房产等资产、出售股权、获得大量政府补助款,成功变负为正,但2019年主营业务依旧乏力,继续亏损。在利润来源结构方面,贝因美业绩表现不佳,未来发展之路有些漫长。由表7-12可知,三家公司营业收入增长率整体均呈下降趋势,该比率越低,说明企业扩张速度越慢,利润增长越差。贝因美除2019年外,其余年份增长率都为负,说明营业收入不断减少,利润源于营业收入部分的可靠质量没增加,伊利股份和三元股份营业收入只是增长速度放缓。

(2) 利润质量稳健性分析。由表7-13可知,贝因美现金收入比率近五年均大于1, 2016年开始下降,2020年略有上升趋势,说明贝因美销售商品、提供劳务收到的现金大于主营业务收入,带给企业一定的现金保障。贝因美2016—2019年经营活动现金流量净额和净利润均为负值,故该指标小于零,实际表现出贝因美亏损情况较为严重。整体来看,贝因美2016—2020年利润质量稳健性方面有所欠缺,虽然贝因美销售商品、提供劳务的现金收入能给予利润质量部分保障,但经营活动现金流量可能无法为企业日常生产经营活动提供充足的现金流支持。自2018年起贝因美营业成本增幅均大于营业收入,2020年营业成本增长约为3.89%,营业收入下降4.32%,而三元股份2020年营业成本变动基本与营业收入保持一致,销售费用大幅下降,减少45.59%,占营业收入16.21%,贝因美明显落后于同行,利润质量出现状况。

(3) 利润质量持续性分析。从表7-14可知,贝因美2016—2017年、2019—2020年经营利润贡献率均大于0,但实际是其经营利润和利润总额两者为负数相抵所致,伊利股份经营利润对利润总额的贡献持续稳定上涨,三元股份有所欠佳,但为上升势头。以经营资产占有率这一指标来看,贝因美、伊利股份和三元股份均不断上升。自2019年起,贝因美经营资产占有率基本与伊利股份相匹敌,说明企业储备的资产规模雄厚,有创造利润的空间。

(五) 思考题

1. 对企业经理人员来说,进行企业盈利能力分析的目的具体表现在哪几个方面?

(1) 利用盈利能力的有关指标反映和衡量企业经营业绩。企业经理人员的根本任务,就是通过自己的努力使企业赚取更多的利润。各项收益数据反映着企业的盈利能力,也表现了经理人员工作业绩的大小。用已达到的盈利能力指标与标准、基期、同行业平均水平、其他企业相比较,则可以衡量经理人员工作业绩的优劣。

(2) 通过盈利能力分析发现经营管理中存在的问题。盈利能力是企业各环节经营活动的具体表现,企业经营的好坏、都会通过盈利能力表现出来。通过对盈利能力的深入分析,可以发现经营管理中的重大问题,进而采取措施解决问题,提高企业收益水平。

2. 盈利能力分析基础是什么?

经营方式是盈利能力分析的基础。按照经营方式划分,可以分为资本经营、资产经营和商品经营三种类型。

(1) 资本经营及其盈利能力。资本经营是与资本经营型的企业经营方式紧密相连的。所谓资本经营型,其特点是围绕资本保值增值进行经营管理,把资本收益作为管理的核心,资产经营、商品经营和产品经营都是服从于资本经营目标。资本经营型企业的管理目标是资本保值与增值或追求资本盈利能力最大化。因此,资本经营的内涵是指企业以资本为基础,通过优化配置来提高资本经营效益的经营活动,其活动领域包括资本流动、收购、重组、参股和控股等实现资本增值的领域,从而使企业以一定的资本投入,取得尽可能多的资本收益。

(2) 资产经营及其盈利能力。资产经营是与资产经营型的企业经营方式紧密相连的。所谓资产经营型,其基本特点是把资产作为企业资源投入,并围绕资产的配置、重组、使用等进行管理。在资产经营情况下,产品经营或商品经营要以资产经营为基础,即围绕资产经营进行商品经营和产品经营。资产经营型企业的管控目标是追求资产的增值和资产盈利能力的最大化。因此,资产经营的基本内涵是合理配置与使用资产,以一定的资产投入,取得尽可能多的收益。

(3) 商品经营及其盈利能力。商品经营是与生产经营型的企业经营方式紧密相连的。所谓生产经营型,其基本特点是围绕商品生产进行经营管理,包括供应、生产和销售各环节的管理及相应的筹资与投资管理。生产经营型企业管理的目标是追求供产销的盈利性。因此,商品经营的基本内涵是企业以市场为导向,组织供产销活动,以一定的人力、物力消耗,生产与销售尽可能多的社会需要的商品。

3. 资本经营、资产经营与商品经营之间的联系是什么?

(1) 资本经营与资产经营。从会计学角度看,狭义的资本通常是指企业所有者投入资本(自有资本或所有者权益),它与资产是不同的。广义的资本是有狭义资本(自有资本)和负债(他人资本)构成的。会计学资本实质上在于揭示企业经济来源及特征。从这个角度看,资本经营与资产经营是不同的。研究资产经营与资本经营的关系,正应从这个角度或在这个前提条件下进行。它们之间的区别主要表现在:第一,经营内容不同,资产经营主要强调资产的配置、重组及有效使用;资本经营主要强调资本流动、收购、重组、参股和控股等。第二,经营出发点不同,资产经营从整个企业出发,强调全部资源的运营,而不考虑资源的产权问题;资本经营则在产权清晰的基础上从企业所有者出发,强调资本(主要指自有资本)的运营,把资产经营看做是资本经营的环节或组成部分。它们之间的联系主要表现在:第一,资本与资产的关系决定了二者之间相互依存、相互作用,资本经营要以资产经营为依托,资本经营不能离开资产经营而孤立存在;第二,资本经营是企业经营的最高层次,资本经营是对资产经营的进步。

(2) 资产经营与商品经营。资产经营与商品经营是既相互联系,又相互区别的。第一,资产经营不能离开商品经营而独立存在,没有有效的商品经营是不能取得好的资产经营效果的。第二,资产经营是对商品经营的进一步发展,它不仅考虑商品本身的消耗与收益,而且将资产的投入与产出及周转速度作为经营的核心。第三,资产经营目标比商品经营目标更综合。商品经营目标是实现资产经营目标的基础,但不是全部。要实现资产经营目标,应在商品经营基础上,进一步搞好资产的重组与有效使用,加快资产周转速度。

4. 盈利能力分析的内容是什么?

(1) 资本经营盈利能力分析。资本经营盈利能力分析主要对净资产收益率指标进行分析与评价。进一步探讨对净资产收益率产生影响的指标,主要有总资产报酬率、负债利息率、企业资本结构和所得税率等。

(2) 资产经营盈利能力分析。资产经营盈利能力分析主要对总资产报酬率指标进行分析与评价。进一步探讨对总资产和报酬率产生影响的指标,主要有总资产周转率和销售息税前利润率。

(3) 商品经营盈利能力分析。商品经营盈利能力分析,即利用利润表资料进行利润率分析,包括收入利润率分析和成本利润率分析两方面的内容。

(4) 上市公司盈利能力分析。上市公司盈利能力分析主要是对每股收益指标、普通股权益报酬率、股利发放率指标以及价格与收益比率指标、托宾 Q 指标、现金分配率指标以及每股经营现金流量等进行分析。

5. 影响资本经营盈利能力的因素有哪些？

影响净资产收益率的因素主要有总资产报酬率、负债利息率、企业资本结构和所得税税率等。

(1) 总资产报酬率。净资产是企业全部资产的一部分，因此，净资产收益率必然受企业总资产报酬率的影响。在负债利息率和资本构成等条件不变的情况下，总资产报酬率越高，净资产收益率就越高。

(2) 负债利息率。负债利息率之所以影响净资产收益率，是因为在资本结构一定的情况下，如果总资产报酬率高于负债利息率时，投资人获得杠杆利益越大；反之，杠杆利益越小。在总资产报酬率低于负债利息率时，负债利息率越高，投资人的杠杆损失越大；反之，杠杆损失越小。

(3) 资本结构或负债和所有者权益之比。当总资产报酬率高于负债利息率时，提高负债和所有者权益的比率，对净资产收益率产生有利影响；反之，不利。

(4) 所得税率。因为净资产收益率的分子是净利润即税后利润，因此，所得税税率的变动必然引起净资产收益率的变动。通常，所得税税率提高，净资产收益率下降；反之，净资产收益率上升。

6. 资产经营盈利能力的概念与指标是什么？影响资产经营盈利能力的因素有哪些？

资产经营盈利能力，是指企业运营资产而产生利润的能力。反映资产经营盈利能力的指标是总资产报酬率，即息税前利润与平均总资产之间的比率。企业资产的盈利能力是总资产周转率和销售息税前利润率两个因素共同决定的。总资产周转率表示的是企业的每一元资产所能够带来的收入，该指标作为反映企业资本运营能力的指标，可用于说明企业资产的运用效率，是企业资产经营效果的直接体现。

7. 商品经营盈利能力概念及指标有哪些？

商品经营是相对资产经营和资本经营而言。商品经营盈利能力不考虑企业的筹资或投资问题，只研究利润与收入或成本之间的比率关系。因此，反映商品经营盈利能力的指标可分为两类：一类是各种利润率与收入之间的比率，统称收入利润率；另一类是各种利润率额与成本之间的比率，统称成本利润率。

(1) 收入利润率。反映收入利润率的指标主要有营业收入利润率、营业收入毛利润、总收入利润率、销售净利润率、销售息税前利润率等。不同的收入利润率，其内涵不同，揭示的收入与利润关系不同，在分析评价中的作用也不同。

① 营业收入利润率，指营业利润与营业收入之间的比率。

② 营业收入毛利率，指营业收入与营业成本的差额与营业收入之间的比率。

③ 总收入利润率，指利润总额与企业总收入之间的比率，企业总收入包括营业收入、投资净收益和营业外收入。

④ 销售净利润率，指净利润与营业收入之间的比率。

⑤ 销售息税前利润率，指息税前利润额与企业营业收入之间的比率，息税前利润指利润总额与利息支出之和。

(2) 成本利润率分析。反映成本利润率的指标有许多形式，主要有营业成本利润率、营业费用利润率、全部成本费用利润率等。

① 营业成本利润率，指营业利润与营业成本之间的比率。其计算公式为：

$$营业成本利润率=\frac{营业利润}{营业成本}$$

② 营业成本费用利润率，营业利润与营业成本费用总额的比率，其中，营业成本费用总额包括营业成本及期间费用，期间费用包括销售费用、管理费用、财务费用等。其计算公式为：

$$营业费用利润率=\frac{营业利润}{营业费用}$$

③ 全部成本费用利润率，可分为全部成本费用总利润率和全部成本费用净利润率，其中全部成本费用包括营业成本费用总额和营业外支出。

A. 全部成本费用总利润率的计算公式为：

$$全部成本费用总利润率=\frac{利润总额}{营业费用+营业外支出}$$

B. 全部成本费用净利润率的计算公式为：

$$全部成本费用净利润率=\frac{净利润}{营业费用+营业外支出}$$

第八章　企业营运能力分析

（一）单项选择题

1. A　2. D　3. B　4. C　5. D　6. A　7. B　8. C　9. D　10. B　11. D

（二）多项选择题

1. ABCDE　2. ABCDE　3. ACE　4. ABE　5. ABC　6. BC　7. ABC　8. ACE　9. ABC

（三）计算分析题

1. (1) 去年总资产周转率＝29 312÷36 592＝0.801

今年总资产周转率＝31 420÷36 876＝0.852

(2) 去年流动资产周转率＝29 312÷13 250＝2.212

今年流动资产周转率＝31 420÷13 846＝2.269

(3) 去年流动资产结构比率＝13 250÷36 592＝36.21％

今年流动资产结构比率＝13 846÷36 876＝37.55％

(4)　　总资产周转率＝流动资产周转率×流动资产占总资产比重

本年总资产周转率与上年相比，上升 0.051 次，其中流动资产周转率上升带来的影响为：

$$(2.269-2.212)\times 36.21\%=0.020\,6(次)$$

流动资产结构比率上升带来的影响为

$$2.269\times(37.55\%-36.21\%)=0.030\,4(次)$$

2. (1)

附表 8-1　相关财务指标计算表　　单位：％

项　目	公司	行业标准
总资产周转率	0.98	1.40
流动资产周转率	2.66	3.20
固定资产周转率	1.62	1.20
应收账款周转率	4.71	4.70
存货周转率	5.83	6.70
总资产利润率	3.79	8.00
流动资产利润率	10.28	10.20
固定资产利润率	6.24	9.00

(2) 资产管理效果可以从资产周转速度快慢和资产利润率高低进行分析：

① 从资产周转速度来看，该公司总资产周转率低于行业平均，在固定资产周转率相差不大的情况下，主要是因为流动资产周转率低于行业平均造成的，而影响流动资产周转率的主要是存货，该公司的存货周转率大大低于行业平均，这说明该公司要加强的管理，加快存货周转。

② 从资产利润率来看，该公司的资产利润率低于行业平均，在流动资产利润率与行业相差不大的情况下，这主要是固定资产利润率低于行业平均造成的，这说明该公司应努力提高固定资产管理效率。

3.（1）从表 8-4 可知，流动比率由 2019 年的 1.6 增加为 2021 年的 2.1；速动比率却由 1.0 下降为0.8；这表明流动比率和速动比率呈相反变化趋势。其原因为某些计入流动资产但不计入速动资产的项目（如存货），其金额增加且占流动资产比重也增加。

（2）存货周期天数由 2019 年的 30 天上升到 2021 年的 55 天，分析结论：相对于销售收入来说，该公司持有的存货大大增加。

（3）应收账款周期天数的下降意味着公司收账速度加快，如果收到的款项以现金状态存在，这不会影响流动比率和速动比率；如果收到的现金用于购买存货，这会影响速动比率但不会影响流动比率。

因而，该公司可能存在一定的存货积压问题。

4.（1）2020 年销售毛利率$=\dfrac{\text{销售收入净额}-\text{销售成本}}{\text{销售收入净额}}=900\div4\ 500=20\%$

2021 年销售毛利率$=\dfrac{\text{销售收入净额}-\text{销售成术}}{\text{销售收入净额}}=1\ 500\div6\ 000=25\%$

（2）2020 年应收账款周转率$=\dfrac{\text{赊销收入净额}}{\text{应收账款平均余额}}=4\ 500\times90\%\div1\ 000=4.05$

2020 应收账款周转天数$=\dfrac{360}{\text{应收账款周转率}}=88.89$

2021 年应收账款周转率$=\dfrac{\text{赊销收入净额}}{\text{应收账款平均余额}}=6\ 000\times85\%\div1\ 500=3.4$

2021 应收账款周转天数$=\dfrac{360}{\text{应收账款周转率}}=105.89$

（3）首先，该公司 2021 年销售毛利率比 2020 年销售毛利率增长了 5%，说明企业盈利能力有所提高。其次，该公司 2021 年应收账款周转次数比 2020 年周转次数少 0.65 次，应收账款周转天数多 17 天，说明应收账款的周转速度减慢，应收账款资金利用效果相比 2020 年有所下降，从总体来看，该公司应收账款周转述度较慢，有待进一步改善。

5.（1）

附表 8-2　相关财务指标计算表

财务比率	本公司	行业平均水平
流动资产周转率	1.46	3 次
固定资产周转率	1.63	2 次
总资产周转率	0.77	1.5 次
销售毛利率	5.71%	20%
销售净利率	11.43%	10%
总资产收益率	8.82%	15%

（2）该公司流动资产周转率低于行业平均值，应结合存货和应收账款等具体流动资产的周转情况进行分析。

（3）固定资产周转率低于行业平均水平，说明固定资产周转慢，未能充分利用，企业应加强对固定资产的管理，做到固定资产投资规模得当、结构合理，保证非生产性固定资产投资的合理规模，加强对固定资产的维护、保养。

（4）销售净利率高于行业水平，销售毛利率低于行业水平，说明企业主营业务创造利润的能力不足，企业在未来期间提高盈利能力的途径应当以提高企业收入水平、扩大市场占有率和增加毛利水平为主。

（5）总资产周转率对总资产收益率的影响$=(0.77-1.5)\times10\%=-7.3\%$

销售净利率对总资产收益率的影响＝(11.43％－10％)×0.77＝1.10％

6. (1) 利息保障倍数$=\dfrac{\text{本期净利润}+\text{所得税}+\text{利息费用}}{\text{利息费用}}$＝(23.65＋43.60＋11)÷43.60＝1.79(倍)

主营业务收入＝473÷(1－20％)＝591.25×4％＝23.65(万元)

利息费用＝591.25－473－5－35－23.65－11＝43.60(万元)

(2) 应收账款周转率$=\dfrac{\text{赊销收入净额}}{\text{应收账款平均余额}}$＝591.25×2÷(95＋125)＝5.375

(3) 营运资金期末数＝流动资产－流动负债＝2.3×(144÷1.2)－144÷1.2＝156

（四）案例分析题

1. 案例一分析提示：

(1) 表 8-8 中，货币资金、应收账款、应收票据、预付款项、存货，这五项分别表示五类资产项目在流动资产总额中的比重；流动资产比重，表示各年度流动资产在总资产中的比重；短期借款、应付账款是各年度这两个项目分别占流动负债的比重；流动负债比重是各年度流动负债占负债和所有者权益总额的比重。由表 8-8 可以看出，流动资产占总资产的比重在各年都非常高，超过 65％，并且呈现上升趋势，而流动资产中，货币资金以及存货比重很高，两者合计占流动资产的 85％以上，应收账款在流动资产中的比重逐年下降，应收票据在流动资产中的比重逐年增加。表 8-8 充分展现了企业资产的结构变化。近年来，TRT 公司应收账款的占比下降，一定程度上反映了 TRT 公司销售回款的能力在增强，也从一个角度反映了表 8-7 中计算的应收账款周转率逐年增加的原因。正如该行业的特点，存货在流动资产中的比重较大，进一步查找公司报表附注，TRT 公司存货类型较多，有原材料、在产品、产成品及库存商品、低值易耗品、在途物资、材料物资和包装物等，从事医药工业和医药商业活动。存货比重大并且是重要的资产项目之一，存货周转率却不高，从资产管理角度看，加强存货管理，提高存货使用效率是该公司需要关注的重点；合理地安排各类存货的数量，加快存货的周转，提高存货运营效率，也是中药加工企业资产管理的重要内容之一。

(2) TRT 公司流动资产在资产总额中比重大，2021 年年末达到 76.83％，2021 年流动资产周转率仅为 0.61，远低于行业平均值 1.6，由于流动资产中货币资金与存货占比很大，而存货周转率不高，促使流动资产周转率低于行业水平；再结合 TRT 公司近几年的营业收入变化情况，如表 8-9，公司近年来流动资产以及总资产增长幅度大，而营业收入增长幅度远低于流动资产、总资产的增长幅度，因此，流动资产周转率较大幅度下降，总资产周转率也有大幅度下降。由此可见，除了总资产结构需要合理布局，对各类流动资产，尤其是存货、货币资金的占比需要进一步调整，还需要提高各类资产的营运效率，提高各类资产的盈利能力。依据财务理论，资产的流动性与收益性是相对立的特点，即流动性越强的资产，其收益性越差。企业流动资产占比越大，虽然同时对流动负债的保障程度越高，但是流动资产的盈利能力会降低，所以，流动资产比重太高会影响企业的盈利性。从 TRT 公司目前的资产结构看，资产总额快速增长，流动资产快速增加，企业存在大量的货币资金与存货，而存货周转率的下降，致使资产整体的营运能力下降。因此，公司一方面需要加强各类存货管理，合理布局存货的内部构成以及总资产的结构；另一方面增强资产的盈利能力，提高公司的营业收入，扩大市场销售份额。从表 8-9 中可以看出，近五年，TRT 公司营业收入增减变动幅度较大，总资产与流动资产表现出快速增长的势头，从而单位资产带来的收入较低，资产使用效率低下。

(3) 由于存货占用大量资金，一定程度上会使得公司现金流量受到影响，因此进一步结合 TRT 公司近几年现金流量状况分析。表 8-10 是公司近五年现金净流量的环比值，可以看出，近五年公司现金流量的增速放缓。

(4) 表 8-11 是近五年公司三大活动现金净流量的占比，因为 2020 年 TRT 公司现金净流量为负值，环比值以及结构比例没有意义，因此在表中用“—”表示。表 8-11 在一定程度上反映了公司近两年经营活动产生现金能力的减弱，2020 年 TRT 公司经营活动带来的现金流量为正值，投资活动与筹资活动产生的现金流量都为负数，公司在偿还债务与利息，以及分配利润上支出了大量现金及现金等价物；又由于 2020 年和 2021 年投资新项目,在对资金需求增加的情况下,2021 年公司发行了可转换债券,筹资活动的现金净流量也因此为当年现金净流量作出了 82.61%的贡献。从现金结构角度看,我们进一步得出结论:公司需要增强经营活动的盈利能力,这与公司的资产结构有着密切的关联。

2. 案例二分析提示:

(1) 比亚迪的应收账款周转率是呈现线性提升的,从 2017—2020 年提高了 1.42 次,说明收回应收账款的速度有增加。但是值得一提的是,比亚迪的应收账款周转率在 2020 年是低于汽车行业均值 8.35 的,也就是说,虽然比亚迪公司应收账款周转率近三年来有所提高,但还是没有达到行业均值,应收账款的周转速度还是比较慢,资金流动性低。

(2) 比亚迪的存货周转率呈现有升有降的趋势,单就 2017 年的 4.61 和 2020 年的 4.43 来看,存货周转率同比下降了 0.39%,总体变化不大,且仍然低于 2020 年行业均值 9.5。存货周转速度低,就意味着存货转化为财富的速度慢,直接影响对营运能力的优劣评判。

(3) 比亚迪流动资产周转率总体上呈现上升趋势,由 2017 年的 1.17 上升到 2020 年的 1.43,但上升幅度不大。比亚迪固定资产周转率除 2019 年有下降,总体上呈现上升趋势,该比率的提高表明比亚迪的固定资产的利用效率在提高,固定资产浪费现象在减少,这就有利于比亚迪获得更多的利润。

(4) 自 2017 年起,比亚迪的总资产周转率的趋势变化平缓,并且波动小,据计算,总资产周转天数接连突破 500 天,表明资产的周转速度慢,影响资产转化为社会财富的能力,因此公司应当采取策略来提高总资产的利用率。

(五) 思考题

1. 企业营运能力分析的目的是什么?

(1) 评价企业资产的流动性。企业的两大特征是收益性和流动性。企业经营的基本动机就是获取预期的收益。从一定意义上讲,流动性是比收益性更重要的概念。当企业的资产处于静止状态时,根本就谈不上什么收益,当企业运用这些资产进行经营时,才可能有收益的产生。企业的营运能力越强,资产的流动性就越高,企业获得预期收益的可能性就越大。流动性是企业营运能力的具体表现,通过对企业营运能力的分析,就可以对企业资产的流动性做出评价。

(2) 评价企业资产利用的效益。提高企业资产流动性是企业利用资产进行经营活动的手段,其目的在于提高企业资产利用的效益。企业资产营运能力的实质,就是以尽可能少的资产占用,尽可能短的时间周转,生产出尽可能多的产品,实现尽可能多的销售收入,创造出尽可能多的收入。通过企业产出额的对比分析,可以评价企业资产利用的效益,为提高企业经济效益指明方向。

(3) 挖掘企业资产利用能力的潜力。企业营运能力的高低,取决于多种因素,通过企业营运能力分析,可以了解企业资产利用方面存在哪些问题,还有多大的潜力,进而采取有效措施,提高企业资产营运能力。

2. 企业营运能力分析的主要内容有哪些?

(1) 总资产营运能力分析。揭示总资产周转速度和利用效率变动的原因,评价总资产营运能力。

(2) 流动资产周转速度分析。揭示流动资产周转速度变动的原因,评价流动资产的利用效率和资产的流动性。

(3) 固定资产利用效果分析。揭示固定资产利用效果变动的原因,评价资产的效益。

3. 如何对总资产营运能力综合对比分析?

就是将反映总资产营运能力的指标与反映流动资产和固定资产营运能力的指标结合起来进行分析。依据各类指标之间的相互关系进行综合对比分析,其主要包括以下内容:

(1) 综合对比分析反映资产占用与总产值之间的关系。反映两者之间关系的有三个指标,即固定资产产值率、流动资产产值率和总资产产值率。这些指标主要说明各类资产在企业生产过程中的利用效果。从静态上分析,可分别反映固定资产、流动资产和总资产利用效果。从动态上分析,可分别反映总产值增长与各类资产的关系。

(2) 综合对比分析反映资产占用与收入之间的关系。反映两者之间关系的有三个指标,即固定资产收入率、流动资产周转率和总资产收入率,这些指标主要用于评价各类资产营运效益和周转速度。从静态上分析,可以反映整个企业经营过程中资产营运效率和营运效益。从动态上分析,可以反映销售收入增长与各类资产增长的关系。

(3) 综合对比分析综合资产营运能力与盈利能力之间的关系。提高资产营运能力最终要为盈利能力这个目标服务,通过综合对比分析总资产营运能力与盈利能力之间的关系,可以理解总资产盈利能力变动的原因,为提高总资产盈利能力指明方向。

4. 资产周转速度指标有哪些?

该指标是一定时期资产平均占用额与周转额的比率,是用资产的占用量与运用资产所完成的工作量之间的关系来表示营运效率的指标。

资产周转速度的计算方法为:

$$资产周转率=\frac{资产周转额}{资产平均余额}$$

$$资产周转期=\frac{计算期天数}{资产周转率(次数)}=\frac{资产平均余额\times计算期天数}{资产周转额}$$

资产周转次数和资产周转天数从两个不同的方向表示资产的周转速度。资产周转次数表示在一定时期内完成几个从资产收回的循环,而周转天数则表示完成一个从资产投入到资产收回的循环需要多长时间。资产周转次数和周转天数成相反方向变动,在一定时期,资产周转次数越多,周转天数越少,周转速度就越快,营运效率就越高;反之,则周转速度就越慢,营运效率越低。

5. 存货周转率低,企业可能出现哪些问题?

(1) 存货的储量不合理,资金占用过大。因库存量大,导致流动资金占用额高,使得公司存货储备占用流动资金的额度明显高于其他的公司,无形中会挤压大量资金,这会给企业流动资金周转带来较大的困难。

(2) 存货管理不规范。存货管理直接关系到企业的资金占用水平以及资产运作,不断提高企业存货管理水平有助于提高企业的竞争力,在企业生存、发展、获利等方面起到重大作用。存货管理中缺乏科学的存货采购计划,即购货的时点和最佳存货储存量是模糊的,会出现采购频繁,存货积压过多,从而库存成本和资金占用都会较高。

(3) 存货内部控制不健全。企业的内部控制不健全会出现领用原材料的时候缺乏相关的审批手续,在进行定期或者不定期的存货清查盘查时,未对亏损或报废的情况及时做出处理意见,就会导致账实不符,采购部门就不能很好地了解公司的存货情况,无法做出正确的采购计划。

(4) 企业各部门之间缺乏合作交流。企业的各部门之间对存货的库存有不同的要求,较难调节,往往存在一定的冲突。再加上企业各部门之间有时又缺乏必要的交流,导致信息不通,不能及时对存货库存作出合理的、正确的调整。

6. 固定资产产值率的经济含义是什么?受哪些因素影响?

固定资产产值率,又称固定资产利用率。是指企业在一定时期内产值与固定资产平均总值的比率,是反映企业固定资产利用效果的综合性指标。固定资产产值率受多种因素的影响,在众多的因素中固定资产本身的因素最为重要。全部固定资产原值平均余额中生产用固定资产占多少,在生产用固定资产中生产设备占多少,都会影响到固定资产的利用效果。将固定资产产值率进行如下分解:

$$固定资产产值率=\frac{总产值}{固定资产平均总值}=$$

$$\frac{总产值}{生产设备平均总值}\times\frac{生产设备平均总值}{生产用固定资产平均总值}\times\frac{生产用设备平均总值}{固定资产平均总值}=$$

生产设备产值率×生产设备占生产用固定资产的构成率×生产用固定资产构成率

从分解后的公式中可以看出:生产设备产值率是反映生产设备能力和时间的利用的效果,它的数值大小直接影响着生产用固定资产的利用效果,进而影响全部固定资产的产值率。生产设备占生产用固定资产比重和生产用固定资产占全部固定资产平均总值比重,反映了企业固定资产的结构状况和配置的合理程度,其比重越大,则全部固定资产产值率就越高。因此,在分析固定资产产值率时应从固定资产的配置和利用两个方面进行。特别是要提高生产设备的利用效果,不断提高其单位时间的产量,才能提高固定资产产值率。固定资产产值率的分析是以实际数与计划数、上期实际数或历史最好水平进行比较,从中找出影响该指标的不利因素,由此对企业固定资产利用效果做出评价。

第九章　企业偿债能力分析

(一) 单项选择题

1. A　2. C　3. D　4. A　5. C　6. A　7. D　8. B　9. B　10. D　11. C　12. B　13. C　14. A　15. B

(二) 多项选择题

1. ACD　2. ACD　3. ABCDE　4. ACDE　5. ABCE　6. ABC　7. AB　8. CDE　9. ACDE　10. BD　11. ADE　12. BC　13. ABE　14. ADE　15. BCDE

(三) 计算分析题

1. 计算结果如附表 9-1 所示。

附表 9-1　某公司 2021 年其他有关资料

项　　目	同行业平均水平	本公司水平
流动比率	2.0	2.4
速动比率	1.0	1.4
存货周转率	6 次	5 次
应收账款周转天数	30 天	27 天
销售净利率	9%	1.8%
权益净利率	10%	6%

从流动比率和速动比率分析来看,企业偿还短期债务的能力比较好,资产流动性比较好。从应收账款周转天数看,应收账款的管理效率较好。从存货周转率看,企业流动资产管理中存在明显问题。积压存货较多,应采取措施改进。从销售净利率和权益净利率看,企业盈利能力很低,可能是销售成本很高、存货周转速度慢所导致。

2. (1) 计算结果如附表 9-2 所示。

附表 9-2　财务比率计算表

项　　目	A 公司	行业平均
流动比率	2.00	1.98
速运比率	1.43	1.33
资产负债率	41.18%	40%
利息保障倍数	2.8	3.8

续 表

项　　目	A 公司	行业平均
存货周转率	10.53 次	10 次
平均收现期	63 天	35 天
应付账款周转率	10 次	8 次
现金周期	61.19 天	26 天

(2) 该公司的流动比率和速运比率分别为 2 和 1.43，且都比行业值略好，说明其短期偿债能力较强。该公司的资产负债率为 41.18%，利息保障倍数为 2.8，从长期看，该公司具有正常的债务偿付能力。虽然如此，但是与行业相比，资产负债率大于行业值且利息保障倍数小于行业值，说明该公司的长期偿债能力在行业中相对较弱。其原因不是负债过大，而是盈利能力较低，其销售净利率、资产净利率与权益净利率为 3.15%、4.45%、7.56%，都低于行业值。

(3)

$$\text{总资产周转天数}=\frac{360}{\text{总资产周转率}}=\text{总资产平均余额}\times\frac{360}{\text{销售收入}}=255(\text{天}),$$

$$\text{总资产周转天数}=\frac{360}{\text{总资产周转率}}=\text{总资产平均余额}\times\frac{360}{\text{销售收入}}=$$

$$\text{流动资产平均余额}\times\frac{360}{\text{销售收入}}+\text{固定资产平均余额}\times\frac{360}{\text{销售收入}}=$$

$$\text{流动赠周转天数}+\text{固定资产周转天数}=105+150=255(\text{天}),$$

根据上述因素驱动公式，我们可知总资产周转天数受到流动资产周转天数和固定资产周转天数的影响，任何会影响流动资产周转天数和固定资产周转天数发生变动的因素，都会使得总资产周转天数发生变动。

3. (1)

附表 9-3　C 公司有关财务数据计算表

金额单位：元

项　　目	差额	增长百分率
速动资产	−5 000	−12.50%
存货	18 000	37.50%
固定资产净额	8 000	5.71%
无形资产	10 000	20.00%
资产合计	31 000	11.15%
流动负债	0	0
长期负债	8 000	13.33%
负债合计	14 000	10.00%
实收资本	0	0
盈余公积	7 000	43.75%
未分配利润	10 000	83.33%
所有者权益合计	17 000	12.32%

(2) 2020 年营运资本＝88 000－80 000＝8 000

2020 年流动比率＝88 000÷80 000＝1.1

2020 年速动比率＝40 000÷80 000＝0.5

2021 年营运资本＝101 000－86 000＝15 000

2021 年流动比率＝101 000÷86 000＝1.17

2021 年速动比率＝35 000÷86 000＝0.41

简要分析，虽然 2021 年 C 公司流动比率比 2020 年有所提高但总体来说都较低，虽然营运资本提高了 7 000 万元，但是营运资本的提高主要是存货比例的提高，其速动资产反而下降了。

(3) 2020 年资产负债率＝140 000÷278 000＝50.36％

2020 年有形资产债务比率＝140 000÷(278 000－50 000)＝61.40％

2020 年有形净值债务比率＝140 000÷(138 000－50 000)＝159.09％

2021 年资产负债率＝154 000÷309 000＝49.84％

2021 年有形资产债务比率＝154 000÷(309 000－60 000)＝61.85％

2021 年有形净值债务比率＝154 000÷(155 000－60 000)＝162.11％

简要分析:2021 年公司资产负债率较 2020 年有所下降，但其原因主要是固定资产和无形资产的提高，尤其是无形资产提高了 20％的比例，因此从有形资产债务比率和有形净值债务比率上来看，2021 年反而上升了。

4. **附表 9-4　相关会计事项对经营活动现金流量净额及流动比率的影响表**

会计事项	对经营活动现金流量净额的影响	对速动比率的影响
1. 收到税收优惠返还取得现金	＋	＋
2. 现金购买交易性金融资产	0	0
3. 偿还短期债务支付现金	0	0
4. 以低于市场价格购买商品支付现金	－	－
5. 存货发生减值损失	0	0

5. (1) 偿债能力分析指标有:资产负债率、股权比率、产权比率、权益乘数、流动比率。

(2) 偿债能力分析的内容包括短期偿债能力分析和长期偿债能力分析。

(3) 根据以上资料，可知 A 公司近几年的资产负债率分别如表 9-19 所示。

附表 9-5　A 公司近几年的资产负债率

项　目	2018 年	2019 年	2020 年	2021 年前三季度
资产负债率	24.44％	20.29％	38.34％	39.13％

A 物资产负债率有所上升，但仍处于较低水平；另外，A 公司的债务主要为短期债务，虽然 A 公司负债比率较低，营业收入相对稳定、现金获取能力较强、经营性现金流稳定，但是公司资产流动性差，已积累了一定的短期偿债压力。相关资料(2)反映了公司较为通畅的信贷融资渠道，可在一定程度上缓解偿还流动负债的压力。

(4) 相关资料(3)反映公司没有降低短期偿债能力的特别项目。

6. (1) **附表 9-6　相关财务指标计算表**

项　目	期初	期末
流动比率	1.83	1.76
速动比率	1.13	0.68
产权比率	1.01	1.09
有形资产负债比率	0.51	0.55

(2) 流动比率、产权比率、有形资产负债比率变化不大，且均在正常值范围以内，但是速动比率期末值

发生了较大变化，主要原因在于期末积压了大量存货，短期偿债能力需要提高。

7. (1)

附表 9-7 偿债能力财务比率表

短期偿债能力财务比率	计算公式	含义
流动比率	$\frac{\text{流动资产}}{\text{流动负债}}$	
速动比率	$\frac{\text{货币资金}+\text{短期投资}+\text{应收票据}+\text{应收账款}+\text{其他应收款}}{\text{流动负债}}$	偿还流动负债的能力
现金比率	$\frac{\text{现金}+\text{短期有价证券}}{\text{流动负债}}$	
长期偿债能力财务比率	**计算公式**	**含义**
资产负债率	$\frac{\text{负债总额}}{\text{资产总额}}$	
产权比率	$\frac{\text{负债总额}}{\text{所有者权益总额}}$	
权益乘数	$\frac{\text{资产总额}}{\text{所有者权益总额}}$	
股权比率	$\frac{\text{所有者权益总额}}{\text{资产总额}}$	偿还长期负债的能力
有形资产债务比率	$\frac{\text{负债总额}}{\text{有形资产总额}}$	
有形净值债务比率	$\frac{\text{负债总额}}{\text{有形资产总额}}=\frac{\text{负债总额}}{\text{所有者权益总额}-\text{无形资产}}$	

(2)

附表 9-8 偿债能力指标计算表

短期偿债能力财务比率	2021 年	2020 年
流动比率	25 626÷9 492＝3.753	29 679÷10 134＝2.929
速动比率	(4 228＋16 657＋7 698)÷9 492＝3.011	(2 605＋10 394＋7 014)÷10 134＝1.975
现金比率	(4 228＋1 6657)÷9 492＝2.200	(2 605＋10 394)÷10 134＝1.283
长期偿债能力财务比率	**2021 年**	**2020 年**
资产负债率	27 622÷69 365＝0.398	25 163÷58 446＝0.431
产权比率	27 622÷41 743＝0.662	25 163÷33 283＝0.756
权益乘数	69 365÷41 743＝1.662	58 446÷33 283＝1.756
股权比率	1－0.398＝0.602	1－0.431＝0.569
有形资产债务比率	27 622÷(69 365－6 132－6 256)＝0.485	25 163÷(58 446－6 340－5 532)＝0.540
有形净值债务比率	27 622÷(41 743－6 132－6 256)＝0.941	25 163÷(33 283－6 340－5 532)＝1.175
简要分析	所有偿债能力指标都表明企业偿债能力得到提高	

(3) 第一，受到会计处理方法的影响：不同的会计处理方法会得到不同的财务数据，从而影响财务比率；

第二，受到公司经营业务的影响：业务越是多样化，就越难进行同行业比较；

第三，财务比率一致性问题；

第四，在分析一家公司的偿债能力时，仅依赖于指标是不够的，还需要财务分析人员进行相应判断。

（四）案例分析题

1. 案例一分析提示：

(1) 从表 9-14 可以看出，BZM 的流动比率和速动比率在三家公司中都处于中间水平，与 2021 年 BZM 格力的速动比率 1.12 略低于 MD，BZM 现金比率在三年中是三家公司中最低的，这说明 BZM 的短期偿债能力一般，企业存在一定的财务风险，但总体而言 BZM 与同行业的 MD 与 HE 在短期偿债能力上的表现比较接近，未拉开较大的差距。从趋势上看，三年来 BZM 的流动比率呈现上升态势，速动比率和现金比率经历了先升后降的过程，但总体呈现上升趋势，这表明其短期偿债能力整体上略有提高。

(2) 从表 9-15 可以看出，三年来 BZM 的资产负债率在三家公司中是最低的，且三家公司三年的资产负债率都呈现下降的趋势，这说明格力的长期偿债能力较弱，低于整个同行业可比公司偿债水平。相应地，三家公司的产权比率在三年也有下降的趋势，BZM 仍旧是三家公司中产权比率最低的，但是资本结构中负债占比仍旧很高，2021 年 BZM 公司的产权比率为 1.53，企业的资本结构具有高风险的特点。从这两个长期偿债能力指标可以判断出 BZM 目前面临的偿债风险高于行业可比公司水平，公司可能面临着较大的财务风险。但三年来，BZM 的资产负债率和产权比率都有所降低，这在一定程度上反映出其长期偿债能力有提高的趋势。

2. 案例二分析提示：

(1) 由表 9-16 可以看到，DFRS 公司 2017—2021 年的流动比率。从这 5 年的数据来看。东方日升的流动比率明显低于同行业标准指标值，且未达到合理值 2，因此可判断出 DFRS 的短期偿债能力并不强，资金变现能力较弱，债务到期时可能无法及时偿还。

(2) 由表 9-16 可看到，DFRS 公司 2017—2021 年的速动比率低于标准值，且总体呈波动增长趋势，说明 DFRS 的短期偿债能力已基本达到经验标准水平，且速动比率基本维持了动态稳定的发展趋势，DFRS 公司潜在的违约风险能够被预测，属于可控风险。然而，DFRS 的速动比率与同行业相比还是低得多，但差距在明显缩小，因此 DFRS 短期偿债能力有进步，但仍有较大的提升空间。

(3) 由表 9-16 可以看到，DFRS 公司 2017—2021 年的现金比率分别为 34.18%、36.83%、29.99%、68.53%和 54.41%，显然这 5 年的现金比率明显高于经验标准数值，只有 2020 年的现金比率略低于 30%，其他 4 年均远高于经验标准值，且呈高速上升的发展趋势。2019 年更是达到了 5 年中的最高值。这反映了 DFRS 短期偿还债务的能力在逐步增强，企业防范财务风险的能力有所提高。然而与同行业水平相比。DFRS 的现金比率远低于同行业水平，因此，DFRS 在同行业内的短期偿债表现不佳。

总体上看，DFRS 公司 2017—2021 年的短期偿债能力有所提高，然而 DFRS 本身起点较低。虽然短期偿债能力有所提升，但流动比率仍未达到经验标准值，三个短期偿债能力的指标均低于同行业水平，因此，DFRS 应当关注自身所面临的财务压力，做好财务筹划，提高现金使用效率，加强对应收账款、存货等流动资产的使用与管理，提升整体的短期偿债能力。

（五）思考题

1. 偿债能力分析的目的是什么？

(1) 了解企业的财务状况；

(2) 控制企业财务风险；

(3) 预测企业筹资前景；

(4) 为企业进行各种理财活动提供重要参考。

2. 偿债能力分析的内容是什么？

(1) 短期偿债能力分析。通过对反映短期偿债能力的主要指标和辅助指标的分析，了解企业短期偿债能力的高低和短期偿债能力的变化情况，揭示企业的财务状况和风险程度。

(2) 长期偿债能力分析。通过对反映企业长期偿债能力指标的分析，了解企业长期偿债能力的高低及其变化情况，揭示企业整体财务状况和债务负担及偿债能力的保障程度。

3. 短期偿债能力静态指标有哪些？

(1) 营运资本＝流动资产－流动负债，与下述的各种相对指标不同，营运资本指标属于绝对指标。

(2) 流动比率。流动比率是企业流动资产与流动负债的比率。其计算公式为

$$流动比率=\frac{流动资产}{流动负债}\times 100\%$$

流动比率是衡量企业短期偿债能力的一个重要财务指标，这个比率越高，说明企业偿还短期负债的能力越强，流动负债得到偿还的保障越大。

(3) 速动比率。速动比率是企业速动资产与流动负债的比率。流动比率在评价企业短期偿债能力时，存在一定的局限性，如果流动比率较高，但流动资产的流动性较差，则企业的短期偿债能力仍然不强。速动比率的计算公式为

$$速动比率=\frac{速动资产}{流动负债}=\frac{流动资产-存货}{流动负债}$$

通常认为正常的速动比率为1，低于1的速动比率被认为是短期偿债能力偏低。

(4) 现金比率。现金比率是企业现金类资产与流动负债的比率。现金类资产包括企业所拥有的货币资金和持有的有价证券(即资产负债表中的短期投资)。它是速动资产扣除应收账款后的余额，由于应收账款存在着发生坏账损失的可能，某些到期的账款也不一定能按时收回，因此速动资产扣除应收账款后计算出来的金额，最能反映企业直接偿付流动负债的能力。

4. 影响企业长期偿债能力的主要因素有哪些？

(1) 企业的获利能力。企业能否有充足的现金流入供偿债使用，在很大程度上取决于企业的获利能力。企业对一笔债务总是负有两种责任：一是偿还债务本金的责任；二是支付债务利息的责任。短期债务可以通过流动资产变现来偿付，因为大多数流动资产的取得往往以短期负债为其资金来源。而企业的长期负债大多用于长期资产投资，在企业正常生产经营条件下，长期资产投资形成企业的固定资产能力，一般来讲企业不可能靠出售资产作为偿债的资金来源，而只能依靠企业生产经营所得。另外，企业支付给长期债权人的利息支出，也要从所融通资金创造的收益中予以偿付。可见，企业的长期偿债能力是与企业的获利能力密切相关的。一个长期亏损的企业，正常生产经营活动都不能进行，保全其权益资本肯定是困难的事情，保持正常的长期偿债能力也就更无保障了。一般来说，企业的获利能力越强，长期偿债能力越强；反之，则长期偿债能力越弱。如果企业长期亏损，则必须通过变卖资产才能清偿债务，最终要影响投资者和债权人的利益。因此，企业的盈利能力是影响长期偿债能力的重要因素。

(2) 投资效果。企业所举借的长期债务，主要用于固定资产等方面，进行长期投资，投资的效果就决定了企业是否有能力偿还长期债务。当然，作为对债权人的一种保障，企业必须有相当比例的权益资金，不能因为某项投资的效果不佳而损害债权人利益。但如果企业每一项投资都达不到预期目标，即使有相当比例的权益资金做保证，其偿还能力也会受到相当程度的影响。

(3) 权益资金的增长和稳定程度。尽管企业的盈利能力是影响长期偿债能力最重要的因素，但如果企业将绝大部分利润分配给投资者，权益资金增长很少，就会降低偿还债务的可靠性。对于债权人来说，将利润的大部分留在企业，会使权益资金增加，减少利润外流，这对投资人并没有什么实质的影响，却会增加偿还债务的可靠性，从而提高企业的长期偿债能力。

(4) 权益资金的实际价值。权益资金的实际价值是影响企业最终偿还能力的最重要因素。当企业结束经营时，最终的偿债能力取决于企业权益资金的实际价值，如果资产不能按其账面价值处理，就有可能损害债权人的利益，使债务不能全部清偿。

(5) 企业经营现金流量。企业的债务主要还是要用现金来清偿，虽然说企业的盈利能力是偿还债务的根本保证，但是企业盈利毕竟不等于企业现金流量充足。企业只有具备较强的变现能力，有充裕的现

金,才能保证具有真正的偿还能力。因此,企业的现金流量状况是决定偿还能力保证程度的关键之所在。

5. 长期偿债能力指标有哪些?

从资产、盈利能力以及现金流量的内容、特点和作用可以看出,这些因素是从不同角度反映企业偿债能力的。资产是清偿债务的最终物质保障,盈利能力是清偿债务的经营收益保障,现金流量是清偿债务的支付保障。只有将这些因素加以综合分析,才能真正揭示企业的偿还能力。所以,长期偿债能力分析应从以下三个方面进行:

(1) 资产规模对长期偿债能力影响的分析。企业的偿债能力体现在资产与负债的对比关系上。由这种对比关系反映出来的企业长期偿债能力的指标主要有资产负债率、股东权益比率、产权比率(净资产负债率)、固定长期适合率和资产非流动负债率。

(2) 盈利能力对长期偿债能力影响的分析。通过盈利能力对长期偿债能力影响的分析,其主要指标有销售利息比率、利息保障倍数、债务本息保障倍数。

(3) 现金流量对长期偿债能力影响的分析。现金流量可以比较真实地反映企业的偿债能力。评价企业的长期偿债能力,还可以通过将现金流量与负债进行比较的方式。主要指标有现金流量利息保障倍数、现金流量债务比率、到期债务本息偿付比率。

第十章　企业增长能力分析

(一) 单项选择题

1. B　2. C　3. A　4. B　5. C　6. D　7. A　8. A　9. B　10. D

(二) 多项选择题

1. ABCD　2. ABCE　3. ADE　4. ABCDE　5. AE　6. ABCE　7. ACDE　8. ABDE　9. ABCE　10. ABDE

(三) 计算分析题

1.

附表 10-1　增长能力指标计算表

财务指标	2018 年	2019 年	2020 年	2021 年	三年平均增长率
销售增长率		35.35%	40.00%	43.15%	39.46%
股东权益增长率		24.00%	35.95%	42.58%	33.95%
资产增长率		20.46%	33.87%	40.59%	31.37%
净利增长率		38.15%	58.58%	48.12%	48.05%

从附表 10-1 可以发现该公司在 2018—2021 年间除净利外,其他各项指标均保持一个比较稳定的增长,同时增长率也较高。但是在销售高速增长的情况下,公司的净利增长率 2021 年比 2020 年却有所下降,因此企业应从成本费用方面入手进行分析,以便进一步降低成本费用,保持净利增长率和销售增长率之间稳定的同步增长。除此以外,该企业在增长能力上问题不大。

2. (1) 利用题目给出的有关资料,计算该公司的收入增长率,计算过程见附表 10-2。

附表 10-2　2018—2021 年营业收入及收入增长率计算表　　金额单位:元

项　目	2018 年	2019 年	2020 年	2021 年
营业收入	4 576	6 194	8 671	12 413
营业收入增加额		1 618	2 477	3 742
收入增长率		35.36%	39.99%	43.16%

根据附表 10-2，我们可以看出，清乾公司的营业收入规模不断扩大，收入增长率呈现不断上升的趋势，且收入增长率均高于 20%，保持着较高的比率。因此可以初步判断该公司的销售成长性良好，产品正处于成长期。

(2) 利用题目给出的有关数据，计算清乾公司的股东权益增长率、营业利润增长率、净利润增长率、收入增长率、资产增长率，进而分析该公司的整体增长能力。其计算过程见附表 10-3。

附表 10-3　清乾公司 2018—2021 年增长率计算表　　金额单位：元

项　目	2018 年	2019 年	2020 年	2021 年
股东权益	797	988	1 343	1 915
股东权益增加额		191	355	572
股东权益增长率		23.96%	35.93%	42.59%
营业利润	674	913	1 298	1 866
营业利润增加额		239	385	568
营业利润增长率		35.46%	42.16%	43.76%
净利润	398	550	873	1 293
净利润增加额		152	323	420
净利润增长率		38.19%	58.73%	48.11%
营业收入	4 576	6 194	8 671	12 413
营业收入增加额		1 618	2 477	3 742
收入增长率		35.36%	39.99%	43.16%
资产总额	1 369	1 649	2 207	3 103
资产增加额		280	558	896
资产增长率		20.45%	33.84%	40.60%

分析该公司在股东权益、利润、收入、资产等方面的增长能力：

第一，从附表 10-3 可以看出该公司自 2018 年以来，股东权益一直在增加，分析其增长原因，可以发现公司这三年的净利润增长率一直高于其当年的股东权益增长率，这说明该公司这三年的股东权益增长主要来自生产经营活动所创造的利润，可以判断该公司的股东权益增长能力较好。

第二，对比三年的净利润增长率，可以发现该公司这三年来净利润增长率虽然一直保持较高的比率，但是呈现出先升后降的趋势，这说明该公司的净利润增长不太稳定。再将三年的营业收入与净利润指标进行对比，可知这三年的净利润增长率分别都高于当年的收入增长率，这反映出该公司这三年净利润增长能力较好，市场竞争能力较强。再与营业利润相比来看，三年的净利润增长率均高于营业利润增长率，说明净利增长除了来自营业利润的增加外，还有非经营性损益所起的作用。这需要结合非经营性损益所占营业利润的比重来分析净利润的稳定性。

第三，根据 2018 年、2019 年、2020 年的收入增长率指标，可知该公司这三年的营业利润增长率均高于收入增长率，且营业利润增长率本身呈现出上升趋势，说明该公司营业收入的增长超过营业成本、期间费用等成本费用的增加，营业利润增长能力较好。

第四，比较该公司这三年的收入增长率，可知该公司这三年来收入增长率一直保持较高的比率，并呈现上升的趋势，这说明该公司的销售具备良好的增长趋势。利用资产增长率指标，分析各年销售增长是否具有效益性。2018 年、2019 年、2020 年这三年的收入增长率分别都高于当年的资产增长率，这说明该公司这三年中每一年的销售增长都具有效益性，也就是说具备良好的成长性。

第五，从附表 10-3 可以看出，该公司自 2018 年以来，其资产总额不断增加，从 2018 年的 1 369 万元增加到2021年的3 103万元;该公司2018年以来的资产增长率一直保持较高的比率,这说明该公司近几年资产规模不断增长。再分析该公司资产增长的效益性和资产增长的来源。从附表10-3可以看出,该公司这三年的资产增长率均低于当年的收入增长率,这说明每年的资产增长是正常的、适当的;从股东权益增加额占资产增加额比重可以看出该公司这三年资产的增加主要来源于股东权益的增加,而不是主要依赖于负债的增加。

综合以上几方面的分析,除了净利润的稳定性值得进一步探讨,可知清乾公司股东权益增长率、资产增长率、收入增长率和净利润增长率基本能够保持同步增长,且保持较高水平,因此可以判断公司具有良好的整体增长能力。

(四)案例分析题

1. 案例一分析提示:

由表10-3可知,P公司的营业收入和净资产的增长幅度大、速度快,说明P公司的业务销售增长较好,资本扩张较快,正处于快速增长期。P公司的净利润增长速度较慢,尤其在疫情严峻的2020年,其受影响程度大于其他指标。这是因为P公司在期间费用尤其是营销费用上的投入较多且越来越多,导致成本费用较高,影响了净利润。由于国内疫情控制较好,且疫情时期国内企业纷纷开启线上销售为主的平台策略,使P公司受到影响程度较小,各方面增长率都维持在较稳定水平。总体而言,P公司的发展速度相对较快且稳定,确实处于崛起的状态;但在净利润方面还需继续努力,对成本费用的把控还可以更加成熟。

由表10-4可知,在营运能力方面,P公司的总资产周转率高,说明其销售能力较强,总体资产的营运较好;速动比率高,说明其短期偿债能力好,但资产负债率较低,说明其长期偿债能力显逊色。在盈利能力方面,P公司的营业活动收益质量比较低,因为净利润增长率较低也使其净资产收益率较低。实际上,与不少国内竞争者相比,P公司在上述偿债和盈利指标上的表现已经非常出色,但仍在发展起步的P公司在产业链地位、商业信用上显然少了很多优势,在盈利能力上还有较大进步空间。在现金流能力方面,P公司的现金流动负债比率和营业收入现金比率都明显较低,收入产生的现金仍不算多,且现金偿债能力不强,现金流能力仍需加强。

综上所述,虽然P公司营运能力表现优秀,但在偿债、盈利和现金流方面的能力仍略显逊色。为了实现更好更稳的“崛起”,其增长质量仍需进一步加强。

2. 案例二分析提示:

可以发现ABC公司自2019年以来股东权益增长率一直处于上升趋势,净利润增长率、营业利润增长率及收入增长率都出现先增后降的趋势,这种趋势属于暂时性的还是持续性的需要进一步深入分析。因而问题的焦点集中在2019年。可以观察到,该公司2019年的净利润增长率、营业利润增长率和收入增长率明显高于其他年份,而其他增长率指标没有显示出类似的变化趋势,不排除2019年存在一些偶然性或特殊性的原因。

再比较各种类型增长率之间的关系。首先从收入增长率和资产增长率可以看出,ABC公司这三年的收入增长率均高于资产增长率,说明从近期看公司的销售增长并不是主要依赖于资产投入的增加,因此具有较好的效益性。

其次比较股东权益增长率与净利润增长率。该公司2017年的净利润增长率均大大低于当年的股东权益增长率,这一方面说明该公司这一年的股东权益增长主要来自生产经营活动创造的净利润,属于好现象:而另一方面,股东权益增长率与净利润增长率之间出现较大的差异,应进一步分析二者出现较大差异的原因。

再者比较净利润增长率与营业利润增长率。可以发现,ABC公司2019年与2021年的净利润增长率均高于营业利润增长率,这反映该公司净利润的高增长并不是仅仅来自营业利润的增长,其净利润的增长还受到非正常损益项目的显著影响,说明企业在净利润方面的持续增长能力有待于进一步观察。

最后比较营业利润增长率和收入增长率。可以观察出,这三年的营业利润增长率均低于收入增长率,反映该公司营业成本、期间费用等成本费用项目上升可能超过了营业收入的增长。这说明公司的营业利润增长存在一定问题。

通过以上分析，对 ABC 公司的增长能力可以得出一个初步的结论，即该公司除了个别方面的增长存在效益性问题，大多数方面都表现出较强的增长能力，因而总体而言，ABC 公司具有较强的整体增长能力。当然，考虑到企业增长能力还受到许多其他复杂因素的影响，要得到关于企业增长能力的更为准确的结论，还需要利用更多的资料进行更加深入的分析。

（五）思考题

1. 企业增长能力分析的目的是什么？

(1) 补充和完善传统财务分析。一方面，传统的财务分析侧重回顾过去，但财务分析的最大贡献不在于了解过去，而是开启未来，而企业增长能力分析是展望未来，这种对企业未来发展的预期满足了报表使用者的需求；另一方面，传统财务分析从静态角度分析盈利能力、运营能力以及偿债能力，而增长能力分析则是这三种能力的综合体现。

(2) 为预测分析与价值评估铺垫。企业增长能力分析并不是对报表项目逐一分析，而是根据收入、利润、股东权益和资产之间的联系使这些数据相互贯通，从而衡量企业的增长。而从企业增长能力分析中得出的增长率数据将是以后一系列预测分析和价值评估工作的基础数据来源，对于以预测分析为基础的价值评估而言十分重要。

(3) 满足相关利益者的决策需求。对于股东来说，可以通过增长能力分析衡量企业创造股东价值的能力，从而为采取下一步战略提供依据；对于潜在的投资者来说，可以通过增长能力分析评价企业的成长性，从而选择合适的目标企业做出正确的投资决策；对于经营者来说，可以通过增长能力分析发现影响企业未来发展的关键性因素，从而采取正确的经营策略和财务策略促使企业可持续增长；对于债权人来说，可以通过增长能力分析判断企业未来的盈利能力，从而做出正确的信贷决策。

2. 企业单项增长能力分析指标有哪些？

(1) 股东权益增长率。股东权益的增加反映了股东财富的增加。在实践中，也可以采用比率表示股东权益的增加。股东权益的增加就是期初余额到期末余额的变化，利用股东权益增长率能够解释这种变化。股东权益增长率是本期股东权益增加额与股东权益期初余额之比，也叫做资本积累率，其计算公式为：

$$股东权益增长率=\frac{本期股东权益增加额}{股东权益期初余额}\times 100\%$$

股东权益增长率越高，表明企业本期股东权益增加得越多；反之，股东权益增长率越低，表明企业本年度股东权益增加得越少。

(2) 利润增长率。由于净利润是企业经营业绩的综合结果，净利润的增长是企业成长性的基本表现，因此在实际工作中，主要采用净利润增长率进行利润增长能力分析。净利润增长率是本期净利润增长额与上期净利润之比，其计算公式为：

$$净利润增长率=\frac{本期净利润增加额}{上期净利润}\times 100\%$$

(3) 营业利润增长率。营业利润增长率是本期营业利润增加额与上期营业利润之比，其计算公式为：

$$营业利润增长率=\frac{本期营业利润增加额}{上期营业利润}\times 100\%$$

同样，如果上期营业利润是负值，则计算公式的分母也应取其绝对值。该公式反映的是企业营业利润的增长情况。营业利润增长率为正数，说明企业本期营业利润增加，营业利润增长率越大，说明企业收益增长得越多；营业利润增长率为负数，说明企业本期营业利润减少，收益降低。

(4) 收入增长率。收入增长率就是本期营业收入增加额与上期营业收入之比。其计算公式为：

$$收入增长率=\frac{本期营业收入增加额}{上期营业收入}\times 100\%$$

如果上期营业收入为负值，则计算公式的分母应取其绝对值。该公式反映的是企业某期整体销售增长情况。收入增长率为正数，说明企业本期销售规模增加，收入增长率越大，说明企业营业收入增长得越快，销售情况越好；收入增长率为负数，则说明企业销售规模减少，销售出现负增长，销售情况较差。

(5) 资产增长率。资产增长率就是本期资产增加额与资产期初余额之比。其计算公式为：

$$资产增长率=\frac{本期资产增加额}{资产期初余额}\times 100\%$$

资产增长率是用来考核企业资产投入增长幅度的财务指标。资产增长率为正数，说明企业本期资产规模增加，资产增长率越大，说明资产规模增加幅度越大；资产增长率为负数，则说明企业本期资产规模缩减，资产出现负增长。

3. 在利用收入增长率来分析企业在销售方面的增长能力时，应该注意哪几个方面？

(1) 要判断企业在销售方面是否具有良好的成长性，必须分析销售增长是否具有效益性。如果营业收入的增加主要依赖于资产的相应增加，也就是收入增长率低于资产增长率，说明这种销售增长不具有效益性，同时也反映企业在销售方面可持续增长能力不强。正常的情况下，一个企业的收入增长率应高于其资产增长率，只有在这种情况下，才说明企业在销售方面具有良好的成长性。

(2) 要全面、正确地分析和判断一个企业营业收入的增长趋势和增长水平，必须将一个企业不同时期的收入增长率加以比较和分析。因为收入增长率仅仅就某一个时期的销售情况而言，可能会受到一些偶然的和非正常的因素影响，而无法反映出企业实际的销售增长能力。

(3) 可以利用某种产品收入增长率指标来观察企业产品的结构情况，进而也可以分析企业的成长性。其计算公式为：

$$某种产品收入增长率=\frac{某种产品本期营业收入增加额}{上期营业收入净额}\times 100\%$$

根据产品生命周期理论，每种产品的生命周期一般分为四个阶段。每种产品在不同的阶段反映出的销售情况也不同：在投放期，某种产品收入增长率往往比较低；在成长期，销售量扩大，某种产品收入增长率较高；在成熟期，由于市场已经基本饱和，产品销售将不再有大幅度的增长，即某种产品收入增长率与上期相比变动不大；在衰退期，由于产品的市场萎缩，某种产品收入增长率较上一期变动非常小，甚至表现为负数。根据这一原理，借助某种产品收入增长率指标，大致可以分析企业生产经营的产品所处的生命周期阶段，据此也可以判断企业发展前景。

(4) 要分析收入增长的来源。仅仅根据财务报表的数字并不能清晰地认识收入增长的来源，只有分析收入增长的来源，才能断定企业是否具有销售方面的增长能力。企业的收入增长可能源于外汇汇率的变动，也可能源于债务重组产生的利润，还有可能是源于会计政策或会计估计变更引起的变动，如果是由于诸如此类原因引起的收入增加，那这种增长力就是不可持续的，不能说明企业的销售能力。另外，收入的质量也值得关注，有些收入造成的坏账准备数额较大，这种收入并没有给企业带来增长的动力。

4. 在对资产增长率进行具体分析时，应该注意哪几个方面？

(1) 企业资产增长率高并不意味着企业的资产规模增长就一定适当。评价一个企业的资产规模增长是否适当，必须与销售增长、利润增长等情况结合起来分析。只有在一个企业的销售增长、利润增长超过资产规模增长的情况下，这种资产规模增长才属于效益型增长，才是适当的、正常的。

(2) 需要正确分析企业资产增长的来源，因为企业的资产来源一般来自负债和所有者权益，在其他条件不变的情形下，无论是增加负债规模还是增加所有者权益规模，都会提高资产增长率。如果一个企业资产的增长完全依赖于负债的增长，而所有者权益项目在年度里没有发生变动或者变动不大，则说明企业不具备良好的增长潜力。从企业自身的角度来看,企业资产的增加应该主要取决于企业盈利的增加。当然,盈利的增加能带来多大程度的资产增加还要视企业实行的股利政策而定。

(3) 为全面认识企业资产规模的增长趋势和增长水平,应将企业不同时期的资产增长率加以比较。因为一个健康的处于成长期的企业,其资产规模应该是不断增长的,如果时增时减,则反映出企业的经营业务并不稳定,同时也说明企业并不具备良好的增长能力。所以只有将一个企业不同时期的资产增长率加以比较,才能正确评价企业资产规模的增长能力。

(4) 分析资产增长率的意义在于资产增长率除了能够衡量企业增长能力以外,也是预测分析和价值评估的基础数据之一,在进行必要的定性分析前提下,经过调整的资产增长率一方面可以直接预测企业未来资产规模的大小,另一方面可以作为其他预测方法得到结果的验证性数据。

第十一章　企业综合分析

(一) 单项选择题

1. A　2. A　3. B　4. C　5. B　6. A　7. D　8. C　9. B　10. D

(二) 多项选择题

1. ABCDE　2. AC　3. ABCD　4. ACE　5. ABD　6. ABCDE　7. ABCDE　8. ABCE　9. ABCD　10. BDE　11. ABCE　12. ABCDE　13. ABCDE

(三) 计算分析题

1. 资产负债率的单项指标$=\dfrac{50\%-(60\%-50\%)}{50\%}\times100\%=80\%$

流动比率的单项指标$=\dfrac{200\%-(200\%-180\%)}{200\%}\times100\%=90\%$

2. 本档基础分$=14\times0.6=8.4$(分)

本档调整分$=\dfrac{7.2\%-4\%}{7.3\%-4\%}\times(14\times0.8-14\times0.6)=2.72$(分)

总资产报酬率指标得分$=8.4+2.72=11.12$(分)

3. 功效系数$=\dfrac{17.2\%-15\%}{18.4\%-15\%}=0.65$,分析系数$=\dfrac{31}{34}=0.91$

销售(营业)利润率的修正系数$=1.0+(0.6+0.65\times0.2-0.91)=0.82$

销售(营业)利润率的加权修正系数$=0.82\times(10\div34)=0.24$

4. 发展创新能力评议指标得分$=\dfrac{15\times1+15\times1+15\times1+15\times0.8+15\times0.8+15\times0.8+15\times0.6}{7}=12.86$(分)

5. (1) ①该企业总资产净利率从13%下降到6.9%,说明其资产的获利能力在下降,原因是总资产周转率和销售净利率都下降;②总资产周转率从2.6次下降到2.3次,是由于平均收现期延长和存货周转率下降的原因;③销售净利率从5%下降到3%,具体原因计算分析如下:

2020年的销售毛利$=3\,900\times17\%=663$(万元)

销售净利润$=3\,900\times5\%=195$(万元)

2021年的销售毛利$=3\,500\times15\%=525$(万元)

销售净利润$=3\,500\times3\%=105$(万元)

由于"销售净利率$=\dfrac{\text{净利润}}{\text{销售收入}}$",2020年的销售额从3 900万元下降到3 500万元,所以,销售净利率下降的直接原因是净利润的下降引起的,而净利润下降的间接原因是销售毛利率的下降引起的。

(2) 总资产净利率＝销售净利率×总资产周转率

总资产净利率的变动数＝6.9％－13％＝－6.1％

销售净利率降低对总资产净利率的影响＝(3％－5％)×2.6＝－5.2％

总资产周转率降低对总资产净利率的影响＝3％×(2.3－2.6)＝－0.9％

总影响＝－5.2％－0.9％＝－6.1％

(3) 该企业应该扩大销售，减少存货，提高存货的周转率；扩大销售，减少应收账款，提高应收账款周转率，缩短平均收现期；降低进货成本，提高销售毛利率。

6. (1) 2020 年的总资产收益率＝8％×0.15＝1.2％

2021 年的总资产收益率＝9％×0.12＝1.08％

2020 年的权益乘数＝1÷50％＝2

2021 年的权益乘数＝1÷40％＝2.5

(2) 2020 年净资产收益率＝1.2％×2＝2.4％

2021 年净资产收益率＝1.08％×2.5＝2.7％

(3) 2021 年净资产收益率高于 2020 年净资产收益率＝2.7％－2.4％＝0.3％。

简要分析：首先，2021 年乙公司总资产收益率低于 2020 年，说明乙公司的资产盈利能力有所下降。

其次，2021 年乙公司权益乘数高于 2020 年，说明乙公司 2021 年利用负债杠杆较为充分，一定程度上弥补了资产盈利能力的不足，但这种高杠杆经营方式有着较大的风险，当资产盈利能力进一步下降时，企业可能承担更大的损失。

因此，乙公司应该提高资产盈利能力，并适当关注于权益乘数是否过高。

（四）案例分析题

1. 案例一分析提示：

(1) 连环替代法计算过程：

2019 年净资产收益率＝销售净利润率×总资产周转率×权益乘数＝5.78％×1.21×2.28＝15.95％。

第一次替换：0.84％×1.21×2.28＝2.32％。

第二次替换：0.84％×0.95×2.28＝1.82％。

第三次替换：2021 年净资产收益率＝0.84％×0.95×2.50＝2.00％。

为了更加清晰地看出各因素对钢铁行业净资产收益率的影响，现将三个因素对净资产收益率的影响列如附表 11-1 所示。

附表 11-1　各因素对 ABC 行业净资产收益率的影响

项　　目	变动趋势	对净资产收益率的影响幅度
销售净利率	由 5.78％下降到 0.84％	－13.63％
总资产周转率	由 1.21 次下降到 0.95 次	－0.50％
权益乘数	由 2.28 上升到 2.50	0.18％
合　　计		－13.95％

(2) ①经营获利能力降低。代表企业盈利能力的财务指标有营业利润率、销售净利润率、净资产收益率、每股收益等。从表 11-6 可以看出 ABC 行业 2021 年的盈利能力比 2019 年有较大幅度下降。而营业利润率则是反映企业经营获利能力的综合指标，因此应进一步分析导致钢铁行业营业利润率大幅下降的原因，通过表 11-7 可以发现，导致 ABC 行业营业利润率大幅下降的原因有：第一，销售收入增长缓慢。2021 年的销售收入仅仅比 2019 年增长 5％，这可能与全球疫情和经济形式下低迷的需求有关，也与 ABC 行业产能过剩、库存越来越大从而导致产品价格下降有关。第二，销售成本增幅较大。2021 年的销售成本比 2020 年增长了 12.69％，销售成本日益上升，反映出原材料价格上涨导致企业盈利减少。第三，期间

费用大幅度增长。2021 年的期间费用比 2020 年猛增 21.15%，是营业利润各项目中增幅最大的项目，其中财务费用的增幅超过 44%，管理费用也增长了 25%以上。由此可见 ABC 行业增长放缓、盈利水平下降不仅是原材料价格上涨、经济危机的结果，也与企业经营管理存在的问题有关。

② 资产使用效率降低。资产使用效率指标反映为一系列周转率指标，用来说明每一元不同类型的资产能带来的收入，一般而言各种资产的周转率指标越高越好。通过表 11-8 可以看出，代表 ABC 行业资产使用效率的各项指标全面回落，ABC 行业运用资产获取收入的能力降低。结合表 11-7、表 11-9，ABC 行业资产使用效率降低的原因有：第一，销售收入增长缓慢。2021 年的销售收入仅比 2020 年增加 5%，这是 ABC 行业资产使用效率降低的根本原因。第二，存货有较大幅度的增加。2021 年的存货比 2020 年上升了近 10%，主要的原因是因为 ABC 行业集中度低，产能过剩，导致库存量大，价格下跌，从而导致利润大幅下滑，直接威胁企业的生存与发展。第三，固定资产规模大幅度增长。2021 年的固定资产规模比 2020 年猛增 38.6%，说明 ABC 行业的固定资产投资过大，这将导致产能过剩，库存增大。

③ ABC 行业的资产负债率不断上升。根据表 11-10，与 ABC 行业权益乘数上升相对应的是 ABC 行业的资产负债率不断攀升，权益乘数的加大、资产负债上升，一方面说明公司充分利用了杠杆利益，另一方面也说明 ABC 行业的财务风险日益增加，对此各公司管理层应予以充分重视。

2. 案例二分析提示：

(1) 流动比率＝1.20，资产负债率＝0.62，已获利息保障倍数＝2.4。

(2) 权益乘数＝1 695÷650＝2.61，销售净利率＝0.026，总资产周转率＝2.24，净资产收益率＝0.15。验证：由净资产收益率＝总资产周转率×销售净利率×权益乘数可以得出。

(3) 提示思路：①该公司总资产净利率在平稳下降，说明其运用资产获利的能力在降低，其原因是资产周转率和销售净利率都在下降；②总资产周转率也在下降，原因是平均收现期延长和存货周转率下降；③销售净利率下降的原因是销售毛利率在下降。

(4) 不合理。公司目前的资产负债率已经远超过行业平均资产负债率，且公司的已获利息保障倍数小于行业平均利息保障倍数 3，可见该公司偿债能力较差。如果再增发债券筹资，会进一步降低企业的偿债能力，加大企业的财务风险。

(5) 提示思路：从扩大销售、降低存货、降低应收账款、降低进货成本等角度来考虑。

（五）思考题

1. 综合分析的目的是什么？

(1) 通过综合分析明确企业财务活动与经营活动的相互关系，找出制约企业发展的“瓶颈”所在。

(2) 通过综合分析全面评价企业财务状况及经营业绩，明确企业的经营水平、位置及发展方向。

(3) 通过综合分析为企业利益相关者进行投资决策提供参考。

(4) 通过综合分析为完善企业财务管理和经营管理提供依据。

2. 综合分析的内容是什么？

(1) 财务目标与财务环节相互关联综合分析评价。企业财务目标是资本增值最大化。资本增值的核心在于资本收益能力的提高，而资本收益能力受企业各方面、各环节财务状况的影响。综合分析正是要以净资产收益率为核心，并通过对净资产收益率的分解，找出企业经营各环节对其影响的关系与程度，从而综合评价企业各环节及各方面的经营业绩。杜邦财务分析体系是进行这一分析的最基本方法。

(2) 企业经营业绩综合分析评价。虽然财务目标与财务环节的联系分析可以解决单项指标分析或单方面分析给予评价带来的困难，但由于没能采用某种计量手段给相互关联指标以综合评价，因此，往往难以准确得出公司经营业绩改善与否的定量结论。企业经营业绩综合分析评价正是从解决这一问题出发，利用业绩评价的不同方法对企业经营业绩进行量化分析，最后得出企业经营业绩评价的唯一结论。

3. 杜邦财务分析体系为进行企业综合分析提供了哪些财务信息？

(1) 净资产收益率是综合性最强的财务指标，是企业综合财务分析的核心。这一指标反映了投资者投入资本获利能力的高低,体现出了企业经营的目标。从企业财务活动和经营活动的相互关系上看,净资产收益率的变动取决于企业的资本经营、资产经营和商品经营。所以净资产收益率是企业财务活动效率和经营活动效率的综合体现。

(2) 总资产周转率是反映企业营运能力最重要的指标,是企业资产经营的结果,是实现净资产收益率最大化的基础。企业总资产由流动资产和非流动资产组成,流动资产体现企业的偿债能力和变现能力,非流动资产体现企业的经营规模、发展潜力和盈利能力。各类资产的收益性又有较大区别,如现金、应收账款几乎没有收益。所以,资产结构是否合理以及营运效率高低是企业资产经营的核心问题,并最终影响到企业的经营业绩。

(3) 销售净利率是反映企业商品经营盈利能力最重要的指标,是企业商品经营的结果,是实现净资产收益率最大化的保证。企业从事商品经营,目的在于获利,其途径只有两条,一是扩大营业收入,二是降低成本费用。

(4) 业主权益乘数既是反映企业资本结构的指标,也是反映企业偿债能力的指标,是企业资本经营,即筹资活动的结果,它对提高净资产收益率起到杠杆作用。适度开展负债经营,合理安排企业资本结构,可以提高净资产收益率。

4. 运用经营业绩评价综合指数法的程序是怎样的?

(1) 选择经营业绩评价指标。进行经营业绩评价的首要步骤是正确选择评价指标,指标选择要根据分析的目的和要求,考虑分析的全面性、综合性。

(2) 确定各项业绩指标的标准值。业绩评价指标标准值可根据分析的目的和要求确定,可用某企业某年的实际数,也可用同类企业、同行业或部门的平均数,还可用国际标准数。

(3) 计算各项业绩指标的单项指数。单项指数是指各项经济指标的实际值与标准值之间的比值。其计算公式为:

$$单项指数=\frac{某指标实际值}{该指标标准值}$$

(4) 确定各项业绩指标的权数。综合经济指数不是单项指数的简单算术平均数,而是一个加权平均数。因此,要计算综合经济指数,应在计算单项指数的基础上,确定各项指标的权数。各项经济指标权数的确定应依据各指标的重要程度而定,一般地说,某项指标越重要,其权数就越大;反之,则权数就越小。

(5) 计算综合经济指数。综合经济指数是以各单项指数为基础,乘以各指标权数所得到的一个加权平均数。

(6) 综合经济指数评价。进行企业经济效益指数综合评价,在标准值比较先进时,可采用指数封顶的方法;当标准值为平均值时,则应采取指数不封顶的方法。企业在进行自身经营业绩评价时,也可将两种方法结合使用,取长补短,从而准确地评价企业的经营业绩。

5. 运用沃尔评分法的程序是怎样的?

(1) 选择业绩评价指标。进行经营业绩综合分析的首要步骤是正确选择评价指标,指标选择要根据分析目的和要求,考虑分析的全面性、综合性。

(2) 确定各项经济指标的标准值及标准系数。为了准确评价企业经营业绩,对各项经济指标标准值的确定,根据企业类型不同及指标分类情况规定了不同的标准。

(3) 确定各项经济指标的权数。指标的权数根据评价目的和指标的重要程度确定。

(4) 各类指标得分计算。

(5) 综合评价得分计算。在得出财务绩效定量评价分数和管理绩效定性评价分数后,应当按照规定的权重,耦合形成综合绩效评价分数。

(6) 确定综合评价结果等级。

第十二章　企业战略管理与分析

（一）单项选择题

1. A　2. B　3. C　4. D　5. D

（二）多项选择题

1. ABCD　2. ABC　3. BCD　4. ABCD　5. ABCD

（三）案例分析题

(1) 从资产负债表角度分析这 10 个行业的异同，总结行业的特点。

①资产结构具体分析评价。相同点：除采掘业、交通运输和仓储业、金融保险业、社会服务业外，所有行业的流动资产比重超过 50%，可以说明这些行业的资产流动性较强，资产风险小；除金融保险业外，所有行业的货币资金与存货之和在流动资产中占比最高。不同点：从固定资产与流动资产比率关系可以看出，农林牧渔业、制造业、建筑业、信息技术业、批发和零售贸易业、金融业、房地产业和社会服务业采用保守的固流结构政策，而采掘业、交通运输和仓储业采用激进的固流结构政策。②负债结构具体分析评价。相同点：所有行业的流动负债占总资产的比例都超过非流动负债占总资产的比例；在流动负债内部，所有行业的流动负债中短期借款、应付账款和预收账款三项之和所占比重最大。不同点：农林牧渔业、制造业、信息技术业、批发和零售贸易业、金融保险业和社会服务业的非流动负债占总资产比例几乎为零，而采掘业、建筑业、交通运输和仓储业和房地产业会有一定比例的非流动负债。③所有者权益结构具体分析。相同点：从实收资本占总资产的比例可以发现所有行业都可能通过发行新股增加所有者权益。不同点：相比于其他行业，信息技术业和社会服务业进行股票融资的程度更大；交通运输和仓储业的未分配利润出现负数说明该行业的利润分配过度或者出现亏损。综上，从资产角度看，相比于其他行业，农林牧渔业、制造业、建筑业、信息技术业、批发和零售业、房地产业资产流动性较强，资产风险小，同时这些行业的固流结构政策相对更加保守；从负债结构角度看，所有行业的流动负债比例都大于非流动负债比率，说明总体来说这些行业的偿债压力高，承担较大的财务风险，但是会降低公司的债务成本；从所有者权益角度看，信息技术和社会服务业进行股票融资的程度更大。

(2) 从利润表角度分析这十个行业的异同，总结行业的特点。

①营业利润方面。相同点：除了交通运输和仓储业、社会服务业外，其他行业营业利润都大于零，说明这些行业整体经营状况良好。不同点：交通运输和仓储业、社会服务业的营业利润小于零，这些行业经营业绩不好可能与其过高的营业成本和三项费用有关。②营业成本、三项费用方面。相同点：所有行业的营业成本占营业收入的比例都超过 65%；同时，除了建筑业、信息技术业、房地产业以外，其他行业的销售费用、财务费用和管理费用(三项费用)之和都大于 10%；说明这些行业在营业成本、三项费用的控制方面效率不高、缺乏有效方式方法。不同点：金融保险业的营业成本超过 180%，是所有行业里面占比最高的一个行业，并且其三项费用之和占比超过 60%，说明相比于其他行业，金融保险业在营业成本、三项费用的投入都较高。③营业外收入方面。相同点：除了农林牧渔业外，其他所有行业都有一定比例的营业外收入，这可能与这些行业收到财政补助、政府补助有关。不同点：从占比可以看出交通运输和仓储业营业外收入占比最多，而农林牧渔业几乎没有营业外收入，说明国家政策更偏向于支持交通运输和仓储业的发展。综上，除了交通运输和仓储业、社会服务业外其他企业的营业状况良好、营业利润都大于零。营业利润主要受到营业成本和三项费用的影响程度较大，特别是金融保险业的营业成本占比达到 180%、管理费用占比达到 62.06%，这些行业需要及时控制相关成本费用。

(3) 根据不同行业的特点分析其对企业战略选择的影响。

从(1)的分析中可以看出说明这些行业总体偿债压力高，承担较大的财务风险，并且会通过提高流动负债比率来降低负债成本，所以在行业分析层面整体会偏向于使用 PEST 分析作为基础，特别是对宏观经济影响市场利率的把握上要求更高,同时,针对不同行业企业所处的环境不同、对市场风险应对的能力不同,会采取行业风险分析作为分析基础;其次,不同行业的盈利特征不同则需要进行行业特征分析和波特五力分析来对各个行业内盈利特征进行比较分析。

从(2)中分析发现多数行业需要加强企业内部成本费用控制和管理,与此同时还要加强不同行业对市场风险的应对能力,所以会选择SWOT分析作为基础;整体来看,除了交通运输和仓储业、社会服务业,其他行业的营业状况良好,因此需要进行波士顿矩阵分析这些行业的销售增长率和市场占有率对营业利润有哪些影响以及影响程度。

(四) 思考题

1. 企业战略的构成要素有哪些?

企业战略的构成要素主要有经营范围、资源配置、竞争优势和协同作用。(1)经营范围是指企业从事生产经营活动的领域、反映企业和外部环境相互作用的程度,也反映了企业计划与外部环境发生作用的要求,企业根据所处的行业、产品和市场来确定经营范围。(2)资源配置是指企业对所拥有的资源和技能进行配置、整合的能力与方式。资源配置的优劣极大地影响着战略的实施目标程度。因此,异质性战略资源的配置,被视为形成企业核心竞争力的基础,资源配置是企业生产经营活动的支撑点。(3)竞争优势是指企业通过其资源配置模式与经营范围的决策,在市场上形成的优于其竞争对手的竞争地位。竞争优势既可以来自企业的产品和市场上的地位,也可以来自企业对特殊资源的正确运用。(4)协同作用是指企业从资源配置和经营范围的决策中所能寻求到的各种共同努力的效果。协同作用作为战略要素极具抽象性,在广义上,可被看做资源配置与整合的规模优势。协同作用主要表现为投资协同、作业协同、销售协同、管理协同四个方面。

2. 企业各层决策者在战略管理的主要职责有哪些?

(1) 战略决策。战略决策,有指导整个企业的基本决策(如长期规划、市场研究),还有指导某一战略阶段的决策(如竞争分析),或就某一重大行动所作的决策(如并购)。这些不同的决策,解决不同范围的问题,既有总体的,又有阶段性的和各个竞争领域的,再加上具体的和指挥活动,构成了对企业全面系统的指导。战略决策由企业的董事和首席执行官等公司高管人员担当。

(2) 变革管理。战略往往涉及变革,能否管理好变革,尤其是重大变革,是企业在竞争中成败的关键。通过变革管理,确定变革策略,提出行动方案与各种配套措施,对内部层级、工作流程以及企业文化进行必要的调整,进而推动企业不断提高活力,以适应外部市场环境的变化。变革管理是企业高管人员的重要职责,高管人员不仅要制定战略,把战略向各个职能部门和业务单元进行解释和渗透,还要花大力气推动组织变革。

(3) 资源配置。为了有效地实施战略,需要正确而高效的管理和配置包括人员、装备、原材料、资金和信息等在内的各种资源;同时采取强有力的措施,监督和控制企业的资源分配系统,使各部门之间的资源配置达到最佳状态,以实现企业在一定资源约束下的高效率和高收益。

(4) 应急处理。企业管理者必须学会处理影响企业正常运行的突发事件,化解在推行战略的过程中下属之间或企业与外部组织之间的冲突,驾驭非自愿情况以及部分不可控情况。企业管理者要树立危机意识,强化主体意识和责任意识;同时,企业要加强应急管理机构人员和设备配置,制定各项应急管理制度,排查内部管理存在的薄弱环节和隐患,外部环境或有的威胁保持高度警惕,制定切实可行的应急预案,采取适当措施纠正偏差或消除突发事件的影响,把可能遭受的资源损失减少到最低。

(5) 运营管理。管理人员的时间虽然大致平均分配在战略制定和战略执行的两个方面,但后者才是他们的侧重点,运营管理是战略执行的关键所在。管理人员需着力构建和持续改进运营系统,尤其要优化流程,注意监控关键要素的业绩,及时掌握动态,通过信息流,使人流、物流、能流、金流协同有序。对那些业绩不好的环节及偏离既定战略路线的行为采取果断措施,确保战略目标的达成。

3. 财务战略管理与传统财务管理的区别有哪些?

(1) 视角与层面不同。财务战略管理运用理性的战略思维,着眼于未来,以企业的筹划、投资及收益的分配为工作对象，规划了企业未来较长时间（至少 3 年，一般为 6 年以上）财务活动的发展方向、目标以及实现目标的基本途径和策略，是企业日常财务管理活动的行动纲领和指南。传统管理多属“事务型”管理，主要依靠经验来实施财务管理工作。

(2) 逻辑起点差异。财务战略管理以理财环境分析和企业战略为逻辑起点，围绕企业战略目标规划战略性财务活动。传统财务管理主要以历史财务数据为逻辑起点，多采用简单趋势分析来规划财务计划。

(3) 职能范围不一样。财务战略管理的职能范围比传统财务管理更宽泛得多，它除了应履行传统财务管理所具有的筹资职能、投资职能、分配职能、监督职能外，还应全面参与企业战略的制定与实施过程，履行分析、检查、评估与修正职能等，因此，财务战略管理包含许多对企业整体发展具有战略意义的内容，是牵涉面甚广的一项重要职能战略。

4. 财务战略管理的基本特征有哪些？

(1) 动态性。由于财务战略管以理财环境和企业战略为逻辑起点，理财环境和企业战略的动态性特征也就决定了财务战略管理的动态性。财务战略管理的动态性主要体现在四个方面：一是财务战略管理具有连续性；二是财务战略管理具有循环性；三是财务战略管理具有适时性；四是战略管理对象具有权变性，正确把握企业财务战略管理的动态性特征非常关键。

(2) 全局性。财务战略管理面临复杂多变的理财环境，从企业战略管理的高度出发，其涉及的范围更加广泛。财务战略管理重视有形资产的管理，更重视无形资产的管理；即重视非人力资产的管理，也重视人力资产的管理。传统财务管理所提供的信息多是财务信息，而财务战略管理由于视野开阔，大量提供诸如质量，市场需求量、市场占有率等极为重要的非财务信息。

(3) 外向性。现代企业经营的实质就是在复杂多变的内外环境条件下，解决企业外部的环境、内部条件和经营目标三者之间的动态平衡问题。财务战略管理把企业与外部环境融为一体，观察分析外部环境的变化为企业财务管理活动可能带来的机会与威胁，增强了对外部环境的应变性，从而大大提高了企业的市场竞争能力。

(4) 长期性。财务战略管理以战略管理为指导。需要财务决策者树立战略意识，以利益相关者财富最大化为理财目标，从战略角度来考虑企业的理财活动，制定财务管理发展的长远目标。充分发挥财务管理的资源配置和预警功能，以增强企业在复杂环境中的应变能力，不断提高企业竞争力。

5. 企业核心能力辨别的三个关键测试要同时满足：

(1) 它对顾客的价值；

(2) 它对企业竞争对手相比是否有优势；

(3) 它是否很难被模仿或复制。

6. 企业价值活动的基本活动包括：

(1) 内部后勤：指与接收、存储和分配相关联的各种活动；

(2) 生产经营：指与将各种投入转化为最终产品相关联的各种活动；

(3) 外部后勤：指与集中、仓储和将产品发送给买方相关联的各种活动；

(4) 市场营销：指与提供一种买方购买产品的方式和引导它们进行购买相关联的各种活动；

(5) 服务：指因购买产品而向顾客提供的、能使产品保值增值的各种服务，如安装、维修、零部件供应等。

第十三章　智能财务分析

（一）单项选择题

1. C　2. D　3. B　4. D　5. B

（二）多项选择题

1. AB　2. ABCE　3. ABCD　4. ABC　5. ABC

（三）案例分析题

(1) ① 人员需转型与企业结构需变革。目前，企业的财务人员大多对于智能财务所需的计算机知识和互联网知识的储备远远达不到要求。由于智能财务系统仅数据录入环节需要人工操作，财务人员的某些工作难免流于形式。但人机结合才是发展王道，因为非财务数据难以量化，仍要依靠财务人员进行专业判断。在企业引入智能财务系统及进行业财融合的背景之下，财务人员需要深入企业的各业务部门，因为财务工作与企业的所有经营活动都息息相关，也意味着企业现有的结构需要进行变革。

② 技术研发成本高。虽然智能财务是当下热点，但在我国企业中并没有普及。由于智能财务系统研发费用高、逻辑性强，仅一些大型企业进行了应用，中小型企业不敢也没有雄厚的资金引入。所以，智能财务系统的许多方面都仍在探索之中。有的企业可能通过选择代理记账机构实现了智能财务分析，但由于是业务外包，涉及本公司的商业机密时无法完全做到业财融合，势必影响企业智能财务分析的结果及应用效果。企业采用外包的方式进行智能财务分析，就分析结果而言，如果两个不同行业的企业对于同一项内容存在同样的问题，那么分析结果对于特定行业的企业并不具有针对性。

③ 信息数据的保密性可能存在漏洞。智能财务分析还面临对信息数据的泄露及计算机病毒对能财务系统安全性影响等问题。在使用智能财务系统时，企业几乎所有信息数据都储存在系统中，一旦泄露，将对企业造成难以弥补的危害。另外，智能财务系统并不封闭，向利益相关者输出结果时，可能使企业信息暴露在网络环境之中，处理不当会带来难以估量的损失。这就对智能财务系统的安全性提出了较高要求。

④ 智能财务技术的过度依赖。随着人工智能技术的不断发展，在许多领域，机器人取代人类似乎指日可待。虽然智能财务快速发展，但是财务工作的智能化在很大程度上还流于形式，缺乏深度探究与发现。各企业对于智能财务的推崇可能会对整个财务领域对理论知识的探讨与研究产生负影响。另外，财务人员过度依赖智能财务技术会导致自身丧失职业判断能力，而智能财务的判断能力是通过深度学习得来，财务人员职业能力的下降最终将导致智能财务分析水平的下降，由此形成恶性循环，不利于财务专业技术的发展。

(2) ①思想有多远，路有多远，不要安于现状，要有成为高端复合型国际化会计和审计人才的志向，要让自己持续不断地为组织输出高价值的会计和审计服务。②将理想细化为各种大小目标，并按照 PDCA 循环(计划、执行、检查和纠正)进行实施。③投资自己，提升自己的专业能力。④做事先做人，深入和熟悉所在组织业务。⑤不要轻视和抵制会计和审计相关的人工智能趋势。⑥未雨绸缪，多掌握几门技能，方便快速熟悉相关行业。⑦从业务角度看问题，业财融合是财务管理的核心理念，财务将不再是仅关注业务指标的变化，更应该结合财务指标关注业务的效益问题。⑧时刻做好向成为 CFO 靠齐的准备，不仅仅是懂一些实务操作，多学习一些企业财务战略布局方面知识，懂得更多，会得更多，能帮助企业完成更高的扩展，才不会被取代更不会被淘汰。

（四）思考题

1. 简述我国智能财务分析面临的挑战和困难。

我国财务信息的处理相对落后，我国财务人员大多还依靠以 Excel 为主的简易办公软件进行基础财务分析进行数据处理，很少涉及一些高级的财务数据处理系统。相关财务人员对人工智能的应用不够熟悉，有许多公司引进了先进的智能财务体系，但是对相关财务人员的培训不到位。智能财务分析面临财务信息泄露的风险，以及计算机病毒对能财务系统安全性影响等问题。在使用智能财务系统时，企业几乎所有信息数据都储存在系统中，一旦泄露，将对企业造成难以弥补的危害。

2. 简述传统财务分析方法的局限性。

不同的人选择同一财务指标来进行分析判断得出的结论往往不尽相同。选择的指标和构建的分析指标体系不同往往会导致得出的结论不同。即便使用相同的分析指标和指标体系，但因依据的标准值和参考系不同得出的分析结论也不尽相同。标准值或参考系的选择是否科学恰当很难得到一个社会公认的标准分析结论。

3. 智能财务体系的构建原则有哪些?

构建智能财务体系,首先需要明确体系构建的基本原则:

(1) 普遍性原则。智能财务体系要适合每个企业的不同的经营性质和需求,但是不同的企业类型多种多样,发展情况、发展路径都不尽相同,所以智能财务体系要有普适性。构建的智能财务体系必须能够反映大部分企业的一般性规律。

(2) 系统性原则。构建智能财务体系不能仅立足于企业某一个层面看问题,需要综合考虑财务会计系统和管理会计系统之间的内在逻辑关系,站在整个企业的业务层面,系统地去看待智能财务体系。

(3) 层次性原则。如果说系统性是宏观的角度看待,那么层次性就是微观角度看待智能财务体系。考虑企业内部和企业外部两个层次的业务情况,不仅要考虑到宏观经济环境对于企业智能财务体系的影响,也要考虑企业内部的固有发展情况。

(4) 动态性原则。财务人员要以发展的眼光看待智能财务体系,要考虑到智能财务未来的发展,并且熟悉未来随着社会不断进步后的智能财务体系的更迭。

4. 智能财务体系构建的影响因素有哪些?

(1) 会计环境。智能财务体系是智能化,但是本质还是为了更好地进行财务工作,对财务信息的整理和处理,会计环境是不可避免需要考虑的主要影响因素。在符合当下的会计大环境,财务工作人员在获取财务信息后,要对信息的完整性和存在性进行审核,并将审核之后的信息传输到智能财务会计核算系统。

(2) 智能工具的应用。财务人员要适应当下的当下财务大环境,熟悉智能工具的不断更迭,掌握智能财务体系在财务工作中的应用,智能工具的掌握程度影响智能财务体系的质量。

(3) 财务信息的输入和输出。财务人员借助于财务信息进行财务管理及决策,要对财务信息进行及时记录并整理,并对财务信息的存在性和完整性的控制。导入智能财务系统,能够对财务报表使用者提供更为真实的信息。

(4) 财务信息的内部控制。为了更好地降低风险,财务人员对财务信息的内部控制应给予一定的重视,但内控过度严谨,容易导致一项业务在公司层面重复审批。智能财务体系已经构建完毕,但是失真财务数据输到系统里出来的结果自然也没什么太多的借鉴意义。对财务信息保持一定的内控,有利于智能财务体系的高效工作。

参考文献

[1] 张新民,钱爱民.财务报表分析[M].北京:中国人民大学出版社, 2021.
[2] 张先治,陈友邦.财务分析[M].9 版.大连:东北财经大学出版社,2019.
[3] 张先治,陈友邦,秦志敏.财务分析习题与案例[M].大连:东北财经大学出版社,2019.
[4] 张新民,钱爱民.财务报表分析——理论与实务[M].北京:中国人民大学出版社,2021.
[5] 池国华.财务分析[M]. 北京:中国人民大学出版社,2021.
[6] 王化成,支晓强,王建英.财务报表分析[M].北京:中国人民大学出版社,2021.
[7] 中国注册会计师协会.会计[M].北京:中国财政经济出版社,2021.